KOMPAKTWISSEN

Tourismuspolitik
Wege zu einer nachhaltigen Entwicklung

D1733878

Reihe «Kompaktwissen CH»
Band 14

Vielfalt und Menge der gedruckten Informationen nehmen von Tag zu Tag zu, die verfügbare Zeit, sich mit komplizierten Sachverhalte und aktuellen Forschungsresultaten auseinander zu setzen nimmt aber tendenziell ab. Daher steigt die Nachfrage nach intelligenten, konzisen und leicht verständlichen Sachbüchern, welche die wichtigen Informationen aus einem bestimmten Gebiet oder über einen bestimmten Sachverhalt prägnant zusammenfassen.

Die Taschenbuchreihe KOMPAKTWISSEN.CH zu spezifisch schweizerischen Themen und Sachgebieten will diese Lücke schliessen. Einer Enzyklopädie ähnlich, fassen die Taschenbücher Themen oder Forschungsresultate in für Laien verständlicher Form zusammen.

Hansruedi Müller

KOMPAKTWISSEN

Tourismuspolitik
Wege zu einer nachhaltigen Entwicklung

Edition Rüegger

Bibliografische Information der Deutschen Nationalbibliothek
Die Deutsche Nationalbibliothek verzeichnet diese Publikation
in der Deutschen Nationalbibliografie;
detaillierte bibliografische Daten sind im
Internet über https://portal.d-nb.de/ abrufbar.

© 3. Nachdruck der Originalausgabe von 2011
Nachdruck 2018
Somedia Buchverlag, Glarus/Chur
www.somedia-buchverlag.ch
info.buchverlag@somedia.ch
ISBN: 978-3-7253-0971-9
Gestaltung: Edition Rüegger, Somedia Buchverlag Glarus/Chur
Druck: Somedia Production AG, Glarus

Printed in Switzerland

Inhaltsverzeichnis

1 Entwicklung des Tourismus – Konsequenzen auf die Tourismuspolitik

1.1 Reisen vor und während dem Industriezeitalter

Die Geschichte des Reisens ist eng mit der Geschichte des Handels verknüpft. Die ersten Reisenden in der vorchristlichen Zeit waren Händler und Kundfahrer, die zu Land und zu Wasser Güter und Schätze mit anderen Menschen ausserhalb ihres engen Lebenskreises austauschten. Ein regsamer Reiseverkehr entwickelte sich erstmals im Römischen Reich, als ein weitgreifendes und vielverzweigtes Strassennetz von der Nordsee bis zur Sahara gebaut wurde. Während die Griechen noch vornehmlich zu sportlichen Wettkämpfen (Olympische Spiele), zu mystischen Festen oder auf Pilgertouren nach Delphi gereist waren, entwickelte sich im alten Rom ein umfangreicher Tourismus. Neben die Handels-, Entdecker- und Kriegsmotive trat mehr und mehr auch der gesundheitsmotivierte private Reiseverkehr. Eine kleine, obere Gesellschaftsschicht reiste über weite Strecken zu Fuss, zu Pferd, in Sänften oder im eigenen Wagen mitsamt ihren Sklaven zu Thermen und eleganten Luxusbädern oder zu den heute noch beeindruckenden Baudenkmälern und Tempeln der alten Griechen. An bekannten Routen soll es schon damals Meilensteine, Wegweiser und Herbergen für die Reisenden gegeben haben.

Mit dem Niedergang des Römischen Imperiums versiegten auch die damaligen Reiseströme, bis das Christentum das religiöse Reisemotiv neu belebte. Den Kreuzzügen folgten die Pilgerreisen zu den heiligen Stätten der Heimat, dann nach Rom und Lourdes, und später wurde das Heilige Land zum begehrtesten Reiseziel (Rieger 1982, S. 19). Pilgerreisen sollen im späten Mittelalter dermassen zugenommen haben, dass die Einschiffungshäfen in Italien und Frankreich von Pilgern geradezu überflutet waren.

Renaissance und Aufklärung führten zu einer Auflösung der streng religiös legitimierten Reisemotive des Mittelalters. Und es entwickelten sich zunehmend Einzelmotive, die sich verselbständigten und aus sich selbst heraus die Reisetätigkeit rechtfertigten. Besonders das Bildungsmotiv, das sich mit dem aufkommenden Individualismus verband, trat in den Vordergrund, gefolgt von den Entdecker-, Gesundheits- und Kurmotiven. Als Frühform des Tourismus können die Bildungsreisen durch Europa der jungen Adeligen des 17. und 18. Jahrhunderts betrachtet werden, die Bestandteil des Erziehungsprogrammes der herrschenden Klasse waren. Die übliche Route dieser «Grand Tour» ging von Grossbritannien aus nach Frankreich, mit einem längeren Aufenthalt in Paris. Ein Jahr wurde üblicherweise in Italien verbracht mit Aufenthalten in Genua, Mailand, Florenz, Venedig und Rom. Die Rückreise verlief über die Schweiz, Deutschland und die Niederlande.

Mit der Herausbildung des freien Bürgertums, dem Fortschritt auf wissenschaftlich-technischem Gebiet und der einsetzenden Industrialisierung Europas reisten zunehmend auch wohlhabende Kaufleute, Politiker, Naturforscher, Dichter, Maler und Musiker. Noch stand zwar die Bildung im Vordergrund, doch das Vergnügen gewann rasch an Bedeutung, wenngleich das Reisen im 18. und auch noch im 19. Jahrhundert mit grossen Beschwerlichkeiten verbunden war.

Gemeinsam war all diesen Reisenden, dass sie zu einer Minderheit gehörten, die den Rang eines Standes innerhalb der Gesellschaft innehatte. Die Bevölkerungsmehrheit der arbeitenden Klasse blieb aber vom Reisen ausgeschlossen. Wie hätte sie auch jene Rechtfertigung für das Reisen erbringen können, wenn ihr all jene Werte wie Bildung, Kultur, Künste und Wissenschaft abgesprochen wurden, mit denen die Standesgesellschaft ihre Reisen rechtfertigte. Selbst Krankheiten und Heilbedürftigkeiten konnten keine Reiserechtfertigung abgeben, da hierfür Geld und Zeit fehlte (Rieger 1982, S. 20/21).

1.2   Freizeitrahmenbedingungen im Industriezeitalter

Mit der aufkommenden Industrialisierung wurde die Arbeit und damit auch die Arbeitszeit immer stärker dem Takt der Maschinen unterworfen. In der ersten Hälfte des 19. Jahrhunderts waren in den Fabriken tägliche Arbeitszeiten von 16 bis 18 Stunden für Männer und 14 Stunden für Frauen und Kinder (inklusive Sonntagsarbeit) die Regel. Bei diesen enormen Arbeitspensen blieb der Masse der Industriebeschäftigten kaum Zeit für die Nahrungsaufnahme und den notwendigen Schlaf. Maloche war in den Augen der herrschenden Klasse das einzig wahre

Mittel gegen den Müssiggang, der als «aller Laster Anfang» bezeichnet wurde. Freizeit für die Arbeiterschaft war ein Fremdwort.

Unter dem Druck gewerkschaftlicher Organisierung, aber auch aufgrund der wirtschaftlichen Ineffizienz von übermüdeten Arbeitskräften sowie wegen des von Seiten des Militärs beklagten schlechten Gesundheitszustands der Rekruten begannen die unmenschlichen Arbeitszeiten im Verlaufe der zweiten Hälfte des 19. Jahrhunderts zu sinken. In Deutschland halbierte sich die Arbeitszeit zwischen 1860 und 1930 von 90 auf 45 Wochenstunden. In der Schweiz sank die wöchentliche Arbeitszeit bis zum 1. Weltkrieg auf 60 Stunden. Vor allem als Ergebnis des Generalstreiks von 1918 wurden kurz darauf die 48-Stundenwoche sowie der Anspruch auf eine Ferienwoche verankert.

Der Zugewinn an erwerbsarbeitsfreier Zeit kam damals neben erholungsorientierten Beschäftigungen vor allem auch dem Bereich der Bildung und dem politischen Engagement zu. Nach dem 1. Weltkrieg zeichnete sich dann eine Entpolitisierung der Freizeit ab, verbunden mit vermehrtem Konsum (Mäder 1990, S. 18). Zur Individualisierung und Kommerzialisierung der Freizeit breiter Bevölkerungsschichten kam es aber erst nach dem 2. Weltkrieg.

Zudem haben die gestiegene Lebenserwartung, der materielle Wohlstand und die fortschreitende Trennung von Wohn- und Arbeitsort dazu beigetragen, dass sich Freizeit im 20. Jahrhundert zu einer eigenständigen Grösse entwickeln konnte. Wie Abbildung 1 zeigt, haben die Freizeitrahmenbedingungen ‹Arbeitszeit›, ‹Wohlstand›, ‹Trennung von Wohn- und Arbeitsort› sowie ‹Lebenserwartung› seit Mitte des letzten Jahrhunderts gewaltige Veränderungen erfahren:

Abbildung 1:   Entwicklung von Freizeitrahmenbedingungen (CH)

Lebenserwartung	Arbeitszeit	Wohlstand
eines Einjährigen	Tatsächliche	Jahreseinkommen
	Jahresarbeitszeit	(Vollzeiterwerb)
1850: 40 Jahre	1850: 4 500 Std.	1850: 6 000
1920: 60 Jahre	1920: 2 450 Std.	1920: 10 000
1950: 69 Jahre	1950: 2 250 Std.	1950: 20 000
1990: 77 Jahre	1991: 1 822 Std.	1991: 57 500
1995: 78 Jahre	1995: 1 854 Std.	1995: 66 300
2000: 79 Jahre	2000: 1 822 Std.	2000: 67 500
2008: 81 Jahre	2007: 1 792 Std.	2009: 79 700
(Statistisches Jahrbuch der Schweiz 1989, S. 32 / 1992, S. 39 / 1997, S. 48 / 2001, S. 597 / 2010, S. 49 / Auskunft BFS)	(Bis 1950 Schätzungen / ab 1991 BFS: AVOL – Jahresarbeitszeit für erwerbstätige Männer im Durchschnitt)	(Bis 1950 Schätzungen / ab 1991 BFS: SAKE – jährliches Brutto-Erwerbseinkommen Median)
↘	↓	↙

FREIZEIT UND TOURISMUS

↗	↑	↖
Verstädterung	**Arbeits-/Wohnort**	**Motorisierung**
Anteil städt. an ständiger Wohnbevölkerung	Anteil Pendler an Erwerbsbevölkerung	Anzahl PW pro 1000 Einwohner
1920: 35%	1910: 9%	1920: 2
1950: 43%	1950: 17%	1950: 26
1970: 58%	1960: 23%	1990: 439
1990: 69%	1970: 31%	1995: 456
1995: 68%	1980: 40%	2000: 492
2000: 68%	1990: 52%	2007: 521
2010: 74%	2000: 58%	2008: 518
(Statistisches Jahrbuch der Schweiz 1996, S. 36 / 1997, S. 29 / 2010, S. 26 / Auskunft BFS)	(Bis 1950 Schätzungen BFS / ab 1960 BFS: Pendlerverkehr – neue Definition der Agglomerationen, S. 3)	(Bis 1950 Schätzungen BFS / ab 1980 BFS, Statistisches Jahrbuch der Schweiz 2010, S. 36/248)

Quelle: FIF Universität Bern

1.3 Entwicklung des modernen (Alpen-)Tourismus

Als eigentliche Wiege des modernen Tourismus mit seinem Erholungs- und Erlebnischarakter gilt die Zeit des 18. Jahrhunderts. Naturwissenschafter wie Albrecht von Haller oder Jean-Jacques Rousseau entdeckten und beschrieben die Alpen als Naturphänomen. Dem rousseauschen Ruf «Zurück zur Natur» folgte eine ständig wachsende Zahl von Reisenden, unter ihnen bekannte Schriftsteller wie Byron, Ruskin oder Goethe, aber auch zahlreiche Engländer als Entdecker des Alpinismus. Erst mit dem Ausbau des Eisenbahnnetzes ab Mitte des 19. Jahrhunderts wurden aber die technischen Voraussetzungen für den Transport einer grösseren Zahl von Reisenden geschaffen. Mit dem Bau der grossen Alpenbahnen Semmering (1854), Brenner (1867), Gotthard (1882), Arlberg (1884), Simplon (1906) oder Lötschberg (1913) erlebten der Alpentourismus und vor allem die Hotellerie eine Blütezeit, die aber durch die Wirren des 1. Weltkrieges jäh beendet wurde. Obwohl die Zahl der Reisenden bis zum 2. Weltkrieg wieder kontinuierlich anstieg, waren es erst die wirtschaftlichen Boomjahre der Nachkriegszeit, die in den Industrieländern zur Freizeitmobilität der Massen führten.

Hauptsächliche Faktoren (auch *Boomfaktoren* genannt), die das massenhafte Reisen erst möglich gemacht und ausgelöst haben, sind:

- Der wachsende *Wohlstand* in Form zunehmender Einkommen und damit auch die Erhöhung der frei verfügbaren Einkommensanteile.
- Die *Abnahme der Erwerbsarbeitszeit* resp. die Zunahme der Freizeit vor allem in Form von längeren Wochenenden, längeren Ferien, einem späteren Eintritt ins Erwerbsleben und Frühpensionierung.
- Die zunehmenden *Belastungen am Arbeitsplatz*, die Banalisierung der Erwerbsarbeit sowie die fortschreitende Reglementierung, Funktionalisierung und Technisierung der Alltagswelt.
- Die zunehmende *Verstädterung* und der damit verbundene Verlust von Natur und sozialen Netzwerken.
- Die Perfektionierung und Verbilligung der Verkehrssysteme, die explosionsartige *Motorisierung* und die damit verbundene private Mobilität.

Zu den Antriebsmotoren des heutigen Tourismus zählt auch das mit Reisen verbundene soziale Ansehen: In den Ferien zu verreisen gehört zur

Lebensform unserer Zivilisation, die Beteiligung möglichst breiter Volksschichten am Tourismus ist zu einem sozialpolitischen Anliegen geworden. Erholung und Ferien werden vielfach mit Tourismus gleichgesetzt und in den Ferien wegzufahren gilt als normales Verhalten. Das (Ver-) Reisen hat sich damit quasi zu einer «sozialen Norm» entwickelt (Rieger 1982, S. 17).

In seinem umfassenden Buch zum «Jahrhundert des Tourismus» beschreibt Otto Schneider (2001, S. 5) den Durchbruch von der elitären Einzelreise zum Massentourismus – oder korrekter zur Reise für jedermann – durch die Erfindung der Pauschalreise. Dem Reisenden wird ein Paket mit allen nur erdenklichen Leistungen angeboten. Und an diesem komplexen Produkt arbeiten Millionen von Menschen tagtäglich. Der Österreicher André Heller (1990, S. 100) meinte einmal: «Das Reisen war ursprünglich eine Tat der Gottsuchenden und Handelstreibenden, später der Eroberer, noch später der Bildungshungrigen und ganz spät eine der Touristen. Man begreift, es kam jeweils Schlimmeres nach. Das Wesen einer Reise war das Erfahren des sogenannten anderen, denn im Grunde liegt das Wunderbare nicht in dem verborgen, was wir gemeinsam haben, sondern in dem, was uns voneinander unterscheidet.»

1.4   Das neuzeitliche Lebensmodell Arbeit, Wohnen, Freizeit und Reisen

Jost Krippendorf skizzierte in seinem Buch «Die Ferienmenschen» (1984, S. 24) den «Kreislauf der Wiederherstellung des Menschen in der Industriegesellschaft» und beschrieb ihn ausführlich. Der Zirkel der Pendelbewegung zwischen Alltag und Gegenalltag setzt beim Menschen und seinen dreigeteilten Lebensbereichen Arbeit, Wohnen und Freizeit an.

Von Zeit zu Zeit erfährt dieser Alltag eine Öffnung nach aussen: Der moderne Mensch verbringt rund einen Drittel seiner Freizeit als mobile Freizeit auf Reisen. Dieser Ausflug in den Gegenalltag ist durch besondere Beeinflussungen, Motive und Erwartungen gekennzeichnet. Die Reiseziele bilden den Gegenpol zur Alltagswelt – eine Art Gegenalltag. Interessant sind hier besonders das Verhalten und Erleben der reisenden Menschen, die Situation der bereisten Menschen und ihrer Umwelt, die Begegnung zwischen den Reisenden untereinander sowie mit den Bereisten. Diese Begegnung kann positive oder negative Folgen und Rückwirkungen auf Land und Leute der bereisten Gebiete sowie auf die Alltagssituation der Reisenden haben.

Das Gefüge Arbeit-Wohnen-Freizeit-Reisen ist in einen grösseren Rahmen eingebettet und wird von da aus gestaltet und beeinflusst. Hier lassen sich vier grosse Kraftfelder unterscheiden, die untereinander wiederum durch ein vielfältiges Netz von Wechselwirkungen verknüpft sind und die sich laufend verändern:

- *Die Gesellschaft mit ihren Werthaltungen* (sozio-kulturelles Subsystem): Die Werte des «Seins» wurden von den Werten des «Habens» verdrängt: Besitz, Eigentum, Vermögen, Konsum, Egoismus stehen vor Gemeinsamkeit, Toleranz, Genügsamkeit, Sinn, Bescheidenheit, Ehrlichkeit.

- *Die Wirtschaft und ihre Strukturen* (ökonomisches Subsystem): Dominante Kennzeichen sind die verstärkten Konzentrationsbewegungen, die Globalisierung von Grossbetrieben und Konzernen mit immer mehr Wirtschaftsmacht, die ums Überleben kämpfenden Klein- und Mittelbetriebe, die zunehmende Arbeitsteilung und Spezialisierung sowie die immer unbedeutender werdende Selbstversorgung.

- *Die Umwelt und ihre Ressourcen* (ökologisches Subsystem): Die Ressourcen werden genutzt, als ob sie unversiegbar und unendlich wären. Wissenschaft und Technik finden immer wieder neue Mittel, um die Grenzen der Belastbarkeit des Ökosystems hinauszuschieben. Negative Nebenwirkungen des auf Grosstechnologie gestützten Wirtschaftswachstums werden als beherrschbar und laufend behebbar angenommen.

- *Der Staat und seine Politik* (politisches Subsystem): Schliesslich gibt es kaum ein Industrieland, in dem trotz Liberalisierungsbestrebungen die staatlichen Einflüsse und in ihrem Gefolge auch die Tendenz zu mehr Zentralismus in der Staatspolitik nicht zugenommen hätten. Der Staat wird gezwungen, eine immer kostspieligere Infrastruktur bereitzustellen (Verkehr, Versorgung und Entsorgung etc.) und gleichzeitig Regulierungsmechanismen (Konjunkturprogramme, Subventionen oder Rettungsaktionen für gefährdete Wirtschaftszweige, Räume oder Grossunternehmungen etc.) zu entwickeln, die ein reibungsloses Funktionieren des Wirtschaftswachstums sichern. Auch weiten sich die staatlichen Dienstleistungen (Service Public) wie Gesundheitsdienst, Erziehung, Betreuung von Randgruppen, Schutz der bedrohten Umwelt usw. tendenziell aus. Es sind soziale Leistungen, die niemand sonst übernehmen kann.

Mit diesen wenigen Bemerkungen zu den Rahmenbedingungen ist bereits Wichtiges angetönt, was in der Grafik nicht zum Ausdruck kommt: So harmonisch, wie es das Schaubild glauben machen könnte, funktioniert das System nicht. In Wirklichkeit haben nicht alle Elemente das gleiche Gewicht. Die Bereiche sind nicht gleichwertig, die Spiesse nicht gleich lang. Einzelne Pole und Teilbereiche überwiegen auf Kosten anderer. Zum Teil haben sie sich zu konfligierenden Systemgrössen entwickelt.

Die Werthaltungen der Menschen, die Verwendung der Ressourcen und die Politik des Staates sind in den Sog der explosionsartigen Wirtschafts- und Wohlstandsentwicklung geraten. Damit einher geht eine «Ökonomisierung» aller Lebensbereiche. Das wirtschaftliche Wachstum stellt denn auch den eigentlichen Motor dieses neuzeitlichen Systems dar, das Arbeit und Wohlstand für viele beschert hat.

Doch in den letzten Jahrzehnten mehren sich die Anzeichen dafür, dass der ökonomische Wachstumskreislauf «mehr Produktion schafft mehr Arbeit – mehr Arbeit schafft mehr Einkommen – mehr Einkommen ermöglicht mehr Konsum – mehr Konsum erfordert mehr Produktion – mehr Produktion schafft mehr Arbeit – usw.» zunehmend ins Stocken gerät und damit auch das Gesamtsystem in seinen Grundfesten erschüttert.

Abbildung 2:   Neuzeitliches Lebensmodell

Arbeit – Wohnen – Freizeit – Reisen

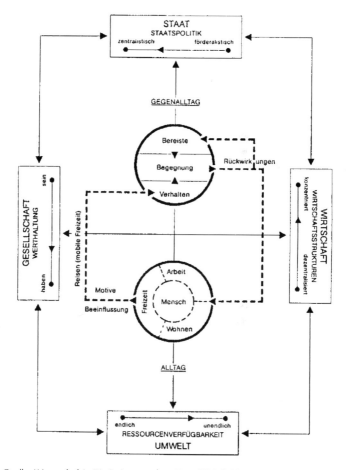

Quelle: Krippendorf, J.: Die Ferienmenschen, Bern 1984, S. 29

2   Angebot und Nachfrage – ein vielschichtiges Wechselspiel

2.1   Der Tourismusbegriff im Wandel

Tourismusforschung und Tourismuspolitik benötigen einen praktikablen Tourismusbegriff. Begriffe dürfen nicht nur als Werkzeuge der Theorie, sondern auch als Hilfe für die Praxis verstanden werden. Vielfach lassen sich in der Praxis mit genau definierten Begriffen auch sachliche Geltungsbereiche und fachliche Zuständigkeiten besser festlegen. Der deutsche Ausdruck «Fremdenverkehr» wird heute kaum mehr verwendet, da der Wortteil «fremd» als fehl am Platze betrachtet wird: Im Vordergrund soll der «Gast» und nicht der «Fremde» stehen. Wir verwenden deshalb in diesen Grundlagen die internationale Bezeichnung «Tourismus».

Änderungen von Definitionen können als Spiegelbild des Strukturwandels herangezogen werden. Ein kurzer Überblick zum Wandel des Tourismusbegriffs widerspiegelt auch strukturelle Änderungen im Tourismus:

Für Glücksmann (1930, S. 15) ist Tourismus der «Überwindung des Raumes durch Menschen, die zu einem Ort hinstreben, an dem sie keinen ständigen Wohnsitz haben», gleichzusetzen.

Für Ogilvie (1933, S. 5/6) sind Touristen «all jene Personen, die zwei Bedingungen erfüllen: Erstens, dass sie von ihrem ständigen Wohnort während einer Zeit entfernt sind, die weniger als ein Jahr beträgt, und zweitens, dass sie während der Zeit ihrer Abwesenheit Geld in den Besuchsorten ausgeben, welches sie dort nicht verdient haben». Diese Begriffsbestimmung ist typisch für die Zeit zwischen den beiden Weltkriegen: Im Zentrum standen die wirtschaftlichen Interessen. Wegen der Wirtschaftskrise beschäftigten sich einzelne Autoren nur noch mit der Zahlungsbilanzfunktion des Tourismus.

Hunziker/Krapf (1942, S. 21), zwei Pioniere der Tourismuswissenschaft, definierten den Tourismus viel umfassender: «Fremdenverkehr ist der Inbegriff der Beziehungen und Erscheinungen, die sich aus der Reise und dem Aufenthalt Ortsfremder ergeben, sofern durch den Aufenthalt keine Niederlassung begründet und damit keine Erwerbstätigkeit verbunden wird». Damit wird zum Ausdruck gebracht, dass Tourismus nicht nur einen Verkehrsvorgang oder einen wirtschaftlichen Tatbestand darstellt, sondern ein Gesamtsystem von Beziehungen und Erscheinungen mit persönlichen und sachlichen Aspekten umfasst. Der Geschäftstourismus wird allerdings bei dieser Definition ausgeklammert.

Kaspar (1991, S. 18) hat die Definition von Hunziker/Krapf ausgeweitet und so umformuliert, dass alle gängigen Tourismusformen (insbesondere auch der Geschäfts- und Kongress- aber auch der Ausflugstourismus) darin Platz finden:

«Fremdenverkehr oder Tourismus ist die Gesamtheit der Beziehungen und Erscheinungen, die sich aus der Reise und dem Aufenthalt von Personen ergeben, für die der Aufenthaltsort weder hauptsächlicher und dauernder Wohn- noch Arbeitsort ist.»

Diese Begriffsumschreibung erlaubt eine umfassende Betrachtung des Phänomens Tourismus, d.h. den Einbezug aller relevanter Problem-Dimensionen (insbesondere der Bereiche Wirtschaft, Gesellschaft und Umwelt) und Blickrichtungen (insbesondere der angebots- bzw. nachfrageseitigen Betrachtungsweise). Diese Definition wird heute auf internationaler Ebene am meisten verwendet. Sie sei deshalb auch unseren Ausführungen zugrunde gelegt.

Die Definition weist zwei konstitutive Merkmale auf:

- den Aufenthalt ausserhalb der täglichen Arbeits-, Wohn- und Freizeitwelt (Berufspendler werden ausgeschlossen, Zweitwohnungsaufenthalter aber berücksichtigt) und
- den Ortswechsel (die Reise zum «fremden» Ort ist Teil des touristischen Prozesses).

Die Definition kann wie folgt präzisiert werden: Nachfrageseitig gehören sowohl der Erholungstourismus wie der Geschäftstourismus, der Tagesausflugsverkehr wie die Ferien mit längerem Aufenthalt dazu. Angebotsseitig fällt unter Tourismus ein beliebig kombinierbares Bündel einzelner Dienstleistungen in den Bereichen Transport, Beherbergung, Verpflegung, Freizeitaktivitäten, Detailhandel etc.

Die World Tourism Organisation der Vereinigten Nationen (UNWTO) haben den Tourismus 1994 sehr ähnlich definiert, allerdings mit minimaler Aufenthaltsdauer von einer Übernachtung: Dem Tourismus werden prinzipiell alle Reisen mit einer Aufenthaltsdauer von mindestens

zwei Tagen resp. einer Übernachtung und maximal einem Jahr zuge-
rechnet, ausgenommen Saisonarbeiter, Auswanderer, Nomaden,
Flüchtlinge, Transitpassagiere, Armeeangehörige, Konsulatsmitglieder
und Diplomaten (UNWTO 1994).
Wird Tourismus angebotsseitig abzugrenzen versucht, so wird einem
bewusst, dass der Tourismus keine echte Branche (im Sinne der NOGA-
Klassifikation) darstellt, sondern ein Querschnittssektor ist, der sich am
Ausgabeverhalten der Touristen resp. der Gäste orientiert. Also:
*Die Tourismuswirtschaft umfasst all jene Branchen, deren Erträge in einem
hohen Mass durch Touristen, also durch Kunden, die sich ausserhalb ihrer
alltäglichen Umgebung begeben, erwirtschaftet werden.*

2.2   Die Vielfalt der touristischen Erscheinungsformen

In der Fachliteratur wird häufig unterschieden zwischen Tourismusarten
(Gliederung nach der Motivation des Nachfragers) und Tourismusformen (Gliederung nach den äusseren Ursachen und Wirkungen). Wir
verzichten auf diese nicht immer eindeutige Abgrenzung und sprechen
von touristischen Erscheinungsformen.

Gliederung nach Aufenthaltsdauer und Motiven der Reise
Diese Abgrenzung ist am gebräuchlichsten. Es werden folgende Formen
unterschieden:

Aufenthaltstourismus
Bei dieser bedeutendsten Tourismusform kann es sich um längere oder
kürzere Aufenthalte handeln. Nicht einheitlich definiert ist die minimale Aufenthaltsdauer. Aus statistischen Gründen wird oft schon bei einer
auswärtigen Übernachtung von Aufenthaltstourismus gesprochen (Vgl.
UNWTO 1994). Um eine klare Abgrenzung zu anderen Tourismusformen zu ermöglichen, ist es üblich, mindestens vier Übernachtungen für
den Aufenthaltstourismus als begriffsnotwendig zu erachten.

Ausflugs- und Wochenendtourismus
Charakteristisch für den Ausflugs- und Wochenendtourismus ist die kur-
ze Aufenthaltsdauer (keine bis maximal drei Übernachtungen). Ausser-

dem kehren die Touristen anschliessend an ihren Ausgangspunkt zurück. Es hat sich als zweckmässig erwiesen, den Ausflugs- und Wochenendtourismus weiter zu unterteilen bzw. zu präzisieren:

- Beim *Tagesausflugsverkehr* findet keine auswärtige Übernachtung statt. Der Tagesgast ist jedoch mindestens 15 km resp. 20 Minuten mit Auto oder öffentlichem Verkehr ausserhalb seiner gewohnten Umgebung.
- Beim *Wochenendtourismus* ist mindestens eine bis maximal drei Übernachtungen während des Wochenendes enthalten.
- Beim *Kurzzeittourismus* sind eine bis drei Übernachtungen auch unter der Woche enthalten.

Passantentourismus
Der Passantentourismus hat ebenfalls kurzfristigen Charakter (keine bis maximal drei Übernachtungen). Im Unterschied zum Ausflugs- und Wochenendtourismus kehrt jedoch der Tourist nicht an seinen Ausgangspunkt zurück, sondern setzt seine Reise mit anderen Zielen fort. Man trifft hier auch oft die Bezeichnung «Durchgangsverkehr».

Spezielle touristische Erscheinungsformen:
- Geschäftsverkehr
- MICE-Tourismus (Meetings, Incentives, Congresses & Exhibitions or Events)
- Bildungs- und Seminartourismus
- Eventtourismus
- Polittourismus
- Sporttourismus
- Kulturtourismus
- Militärtourismus (wird in den Statistiken nicht erfasst)
- usw.

Diese Erscheinungsformen sind nicht als vierte Gliederungsmöglichkeit aufzufassen. Ferienaufenthalts-, Ausflugs- und Passantentourismus einerseits und die speziellen touristischen Erscheinungsformen andererseits schliessen sich nicht gegenseitig aus, sondern lassen sich beinahe beliebig kombinieren. Beispiele: Sport-Ausflugstourismus, Bildungs-Ferientourismus, Event-Wochenendtourismus usw.

Weitere Abgrenzungsmöglichkeiten:

Gliederung nach Beherbergungsformen
• Unterscheidungsmerkmal ist hier die Unterkunft. Beispiele:
• Hoteltourismus
• Ferienwohnungstourismus
• Campingtourismus
• Backpackertourismus
• Verwandtenbesuche (Friends & Relatives)
• usw.

Häufig findet man auch eine blosse Zweiteilung in «Hotellerie» und «Parahotellerie».

Gliederung nach Herkunft der Touristen
Unterscheidungsmerkmal ist hier der geographische Gesichtspunkt. Häufigstes Anwendungsbeispiel:
• Internationaler Tourismus
• Binnentourismus

Für statistische Zwecke wird oft noch weiter untergliedert nach einzelnen Nationen (beim internationalen Tourismus) bzw. nach Kantonen/Bundesländern (beim Binnentourismus).

Gliederung nach Zahlungsbilanz-Auswirkungen
Unterscheidungsmerkmal ist hier der Einfluss auf die Zahlungsbilanz (Devisenströme):
• Incoming- oder aktiver Tourismus (Einreisen ausländischer Gäste, d.h. Ausländertourismus ins Inland)
• Outgoing- oder passiver Tourismus (Ausreisen eigener Staatsbürger, d.h. Inländertourismus ins Ausland).

Die allgemeine Bezeichnung für beide Erscheinungsformen heisst ‹internationaler› oder ‹grenzüberschreitender› Tourismus.

Gliederung nach sozio-demographischen Kriterien
Wird die Kaufkraft als hauptsächliches Gliederungskriterium verwendet, ergeben sich Begriffe wie:
• Luxustourismus

- ‹Qualitätstourismus› (fragwürdiger Begriff)
- Sozialtourismus

Verwendet man das Alter als Gliederungskriterium, ergeben sich etwa folgende Formen:

- Jugendtourismus
- Familientourismus
- Seniorentourismus (50 Plus, Best Agers)

Abbildung 3:   **Gliederung der internationalen Besucher**

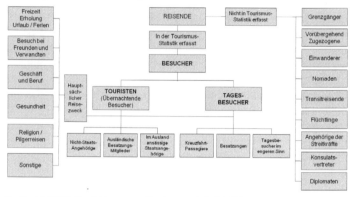

Quelle: UNWTO: Empfehlungen zur Tourismusstatistik, Madrid 1993

Gliederung nach der Zahl der Teilnehmer resp. der Arrangements

- Individualtourismus
- Pauschaltourismus
- Gruppentourismus
- Massentourismus

Gliederung nach Jahreszeiten

- Sommertourismus
- Wintertourismus
- Hochsaisontourismus
- Zwischensaisontourismus

Gliederung nach benutztem Verkehrsmittel
• Bahntourismus
• Autotourismus
• Car- oder Bustourismus
• Flugtourismus
• Kreuz- oder Schifffahrtstourismus
Wiederum lassen sich die meisten erwähnten touristischen Erscheinungsformen miteinander kombinieren.

2.3   Touristische Struktur- und Wachstumsmodelle

Strukturmodelle
Strukturmodelle versuchen, die wesentlichsten touristischen Elemente und Beziehungen in einfacher Form darzustellen. Der Grundraster besteht aus den drei voneinander abhängigen Subsystemen Gesellschaft, Wirtschaft und Umwelt. Das sozio-ökonomische Teilsystem steht in enger Beziehung zum Subsystem Umwelt, da die touristische Nutzung der Landschaft mit Eingriffen in den Naturhaushalt verbunden ist. Die Steuerung des Systems Tourismus erfolgt im Wesentlichen über die gesellschaftlichen und rechtlichen Normen, die touristischen Investitionen und Konsumausgaben sowie über jede Art direkter und indirekter Tourismuspolitik.

Gesellschaft
Im Mittelpunkt des touristischen Geschehens steht der Mensch. Auch bei einer zunehmenden Ökonomisierung aller Lebensbereiche darf dies nicht übersehen werden. Erst in jüngster Zeit begann man sich intensiv mit der psychologischen und sozialen Seite des Tourismus auseinanderzusetzen. Stichworte zu den gesellschaftlichen Aspekten des Tourismus sind:
• *Touristen:* Menschliche Grundbedürfnisse, gesellschaftliche Einflussfaktoren (Arbeits-, Wohn- und Freizeitbedingungen, Werte, Normen, Prestige, Sozialstruktur, Bevölkerungsstruktur), Beeinflussung durch Tourismusanbieter, Reisemotive und -erwartungen, Verhalten und Erleben auf der Reise, Rückwirkungen auf Mensch und Gesellschaft.

- *Bereiste (Ortsansässige):* Interesse, Bedürfnisse und Erwartungen, Auswirkungen auf die Lebensqualität, soziale Kosten, soziokulturelle Veränderungen.
- *Begegnung:* Begegnungsvoraussetzungen (Vorurteile, Sprache, Mentalität, Gastfreundschaft, Kultur), Begegnungschancen (erfahren von Neuem, auseinandersetzen mit dem Fremden, kultureller Austausch, Völkerverständigung).

Wirtschaft

Dieser Bereich stand bisher eindeutig im Zentrum des Interesses, nicht zuletzt deshalb, weil die ökonomischen Effekte des Tourismus am einfachsten messbar sind (Aufwand/Ertrag, Kosten/Nutzen) und von dieser Seite die grössten Anreize ausgehen. Stichworte zu den wirtschaftlichen Aspekten des Tourismus sind:

- *Nachfrage:* Wirtschaftliche Einflussfaktoren (Einkommens- und Vermögensverhältnisse, Preisniveau, Währungslage, Konjunktursituation), Reiseintensität, Aufenthaltsdauer, Logiernächte und Ausgaben.
- *Angebot:* Allgemeine Infrastruktur (Verkehrs-, Versorgungs- und Entsorgungsanlagen, Einrichtungen des täglichen Bedarfs), touristische Infrastruktur (Beherbergungs- und Verpflegungsbetriebe, touristische Spezialverkehrsmittel, Sport- und Unterhaltungseinrichtungen, Kongresszentren, Betreuungs- und Informationsdienste), ökonomische Effekte (Zahlungsbilanz-, Beschäftigungs-, Ausgleichs- und Einkommenswirkung).
- *Markt:* Marktforschung und Marketinginstrumente (Leistung, Preis, Absatzweg, Verkaufsförderung, Werbung, Öffentlichkeitsarbeit), Marketingkonzepte und -aktionsprogramme, touristische Mittler (kooperative Tourismusorganisationen, Reiseveranstalter, Reisevermittler, Sales Representatives).

Abbildung 4:   **Touristisches Strukturmodell**

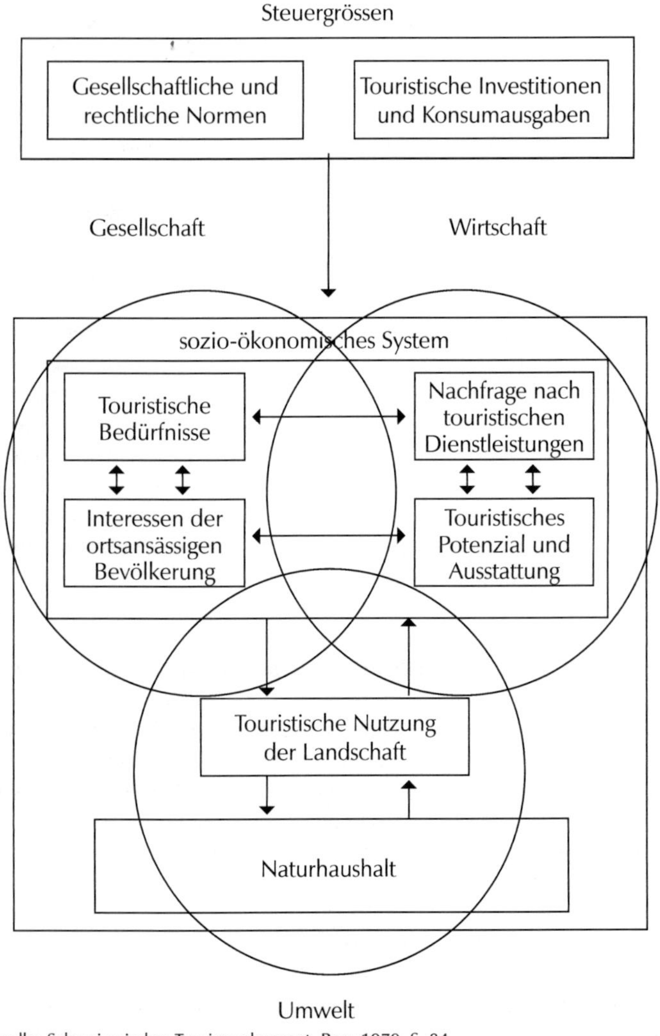

Steuergrössen

Gesellschaftliche und rechtliche Normen

Touristische Investitionen und Konsumausgaben

Gesellschaft   Wirtschaft

sozio-ökonomisches System

Touristische Bedürfnisse

Nachfrage nach touristischen Dienstleistungen

Interessen der ortsansässigen Bevölkerung

Touristisches Potenzial und Ausstattung

Touristische Nutzung der Landschaft

Naturhaushalt

Umwelt

Quelle: Schweizerisches Tourismuskonzept, Bern 1979, S. 84

Umwelt

Mit den Effekten des Tourismus auf die Umwelt begann man sich erst auseinanderzusetzen, als die ökologischen Folgen der vielerorts ungehemmten Tourismusentwicklung für viele sicht- und spürbar wurden. Die Beziehungen zwischen Tourismus und Umwelt sind zwar wechselseitig, jedoch keineswegs gleichgewichtig. Der Tourismus profitiert wohl weit mehr von der natürlichen Umwelt als umgekehrt: Er braucht und verbraucht Landschaft und Ressourcen und greift dadurch gleichzeitig seine eigene Existenzgrundlage an. Deshalb das geflügelte Wort der ‹Selbstzerstörungstendenzen des Tourismus durch den Tourismus›. *Tourismus und Umwelt-Belastung:* Touristische Landnutzung, Landschaftsbeeinträchtigung und -verbrauch (Bautätigkeit, Zersiedelung und Technisierung der Landschaft, architektonische Landschaftszerstörung), Störung des Naturhaushaltes (Luft- und Wasserverschmutzung, Schädigung der Vegetation und Tierwelt), Lärmbelastung, Energieverbrauch, Beitrag zu globalen Umweltproblemen wie Klimawandel oder Ozonloch. *Tourismus und Umwelt-Erhaltung:* Koexistenz von Landwirtschaft (Landschaftspflege) und Tourismus (Nebenerwerbsmöglichkeit), Schutz von Naturdenkmälern im Interesse des Tourismus, Umweltsensibilisierung bei Touristen, Bereisten und Tourismusanbietern.

Wachstumsmodelle

Die folgende Abbildung zeigt ein vereinfachtes Modell, das nicht nur die Struktur, sondern auch die Dynamik der Wachstumsprozesse einbezieht. Die sogenannte ‹Tourismuswachstumsmaschine› ging aus den Synthesearbeiten des Nationalen Forschungsprogrammes «Man and Biosphere MAB» hervor (Vgl. Krippendorf/Müller 1986, S. 61f.). Dieses Modell geht davon aus, dass es sich bei der touristischen Entwicklung nicht um einfache Wechselbeziehungen von zwei oder mehreren Faktoren handelt im Sinne von «hier Ursache – dort Wirkung», sondern um ein komplexes Spiel von zahlreichen unterschiedlichen Kräften, die ineinander greifen und sich gegenseitig beeinflussen.

Die ‹Tourismuswachstumsmaschine› beginnt irgendwo mit kleiner Drehzahl zu laufen, setzt andere Teile in Gang, die ihre Kraft wieder auf neue Teile übertragen. Angetrieben wird das System durch externe Kräfte, doch entfaltet es auch eine starke Eigendynamik: Einzelne seiner

Teile können sich gegenseitig beschleunigen und aufschaukeln oder sich von den andern abkoppeln und selbsttätig werden.

Boomfaktoren

Die Boomfaktoren des Tourismus wurden bereits im Kapitel 1.3 beschrieben. Die hauptsächlichen externen Kräfte des Tourismuswachstums waren bis anhin: Die Wohlstandssteigerung in Form höherer Einkommen, die Abnahme der Arbeitszeit respektive die Zunahme der Freizeit, die schwindende Qualität am Arbeitsplatz, die Verstädterung und mit ihr der Wunsch, den vielerorts unwirtlichen städtischen Lebensverhältnissen zu entfliehen, sowie die explosionsartige Entwicklung der Motorisierung und der Mobilität.

Wachstumskreisel

Die touristische Nachfrage setzt einen eigentlichen Wachstumskreisel in Bewegung. Das Wachstum spielt sich in Form eines sich selbst verstärkenden Spiralprozesses ab, der durch eine automatische Überwindung immer neu auftretender Engpässe gekennzeichnet ist. Vereinfacht kann dieser ‹Engpassüberwindungsautomatismus› wie folgt dargestellt werden: Zunahme der Nachfrage – Kapazitätsengpässe bei der Infrastruktur oder den touristischen Anlagen – Erweiterung unter Einbau einer genügenden Reserve – Verkaufsförderungsmassnahmen, um Kapazitäten besser auszulasten – Zunahme der Nachfrage, Entwicklungsschub – erneute Engpässe als Entwicklungsschwelle – usw.

Wohlstandskreisel

Das Wachstum der Tourismuswirtschaft schafft regional und lokal neue Arbeitsplätze und damit Einkommen. Mit dem Tourismus kommt Wohlstand in eine Region. Der wirtschaftliche Strukturwandel – insbesondere die Zunahme der touristischen und gewerblichen Arbeitsplätze – führt zu regen Zu- und Abwanderungen und zu entsprechenden sozialen Umschichtungen in der ansässigen Bevölkerung.

Landwirtschaftskreisel

Die Erwerbsmöglichkeiten im Tourismus und die damit verbundenen Einkommen mehren den bäuerlichen Wohlstand. So stützt der Tourismus die Berglandwirtschaft und hilft ihr, die Kleinstruktur und damit die Nutzungsvielfalt, die viel zu einem abwechslungsreichen Landschaftsbild beiträgt, zu erhalten. Doch der Landwirtschaftskreisel hat auch andere Folgen: Vom Tourismus und dem Baugewerbe geht ein starker Nachfragedruck nach den Produktionsfaktoren Boden und Arbeit aus – verstärkte Personalprobleme in der Landwirtschaft – Zwang zur Rationalisierung und Mechanisierung – hohe Kapitalkosten – Anreiz zum touristischen Nebenerwerb – starke Arbeitsbelastung – Verstärkung des Rationalisierungszwangs – usw. Die Kapitalkosten werden zusätzlich durch die steigenden Bodenpreise erhöht. All dies vergrössert die Versuchung, Land zu verkaufen.

Hauptverantwortlich für die Intensivierung der Berglandwirtschaft ist allerdings nicht der Tourismus, sondern die Agrarpolitik. Liberalisierung und Abbau von Subventionen zwingen die Bauern, Einkommensverbesserungen durch Produktionsförderung zu erlangen und deshalb ihre Betriebsstrukturen und Bewirtschaftungsmethoden laufend anzupassen.

Natur- und Landschaftskreisel

Neben den eben beschriebenen indirekten Wirkungen über die Land- und Forstwirtschaft hat die touristische Entwicklung auch direkte Folgen für Naturhaushalt und Landschaft, die sich vor allem als Belastungen äussern, denn Tourismus ist immer auch Natur- und Landschaftskonsum. Landschaft wird durch den Bau von Infrastruktureinrichtungen, Transportanlagen, Ferien- und Zweitwohnungen, Hotels usw. verbraucht. Auch für Tiere und Pflanzen, Wasser, Luft und Klima kann der Tourismus belastend sein. Und vor allem werden Ressourcen verbraucht. Werden alle diese Belastungen zu gross, verlieren Natur und Landschaft ihren Erholungs- und Erlebniswert. Touristen wenden sich neuen Destinationen zu.

Kulturkreisel

Alle Kreisel haben ihre kulturellen Auswirkungen: Die Touristen mit den Ansprüchen und Verhaltensweisen, der verkaufte Boden, die Bodenpreissteigerungen, die mit auswärtigem Kapital getätigten Investitionen, die geschlossenen Fensterläden der Ferien- und Zweitwohnungen, die zunehmende Zahl der Zuzüger und auswärtigen Arbeitskräfte, die geschwächte Position der Landwirtschaft. Das alles sind Fremdeinflüsse, die von den Einheimischen auch als solche empfunden werden. Belastend wirkt vor allem die Einbusse an Eigenständigkeit und Selbstbestimmung.

Abbildung 5:   **Touristisches Wachstumsmodell**

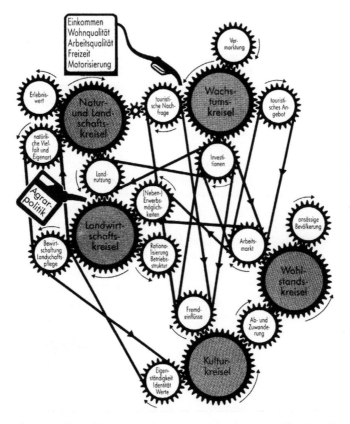

Quelle: Krippendorf/Müller: Alpsegen Alptraum – Für eine Tourismusentwicklung im Einklang mit Mensch und Natur, Bern 1986, S. 55f

Fazit

Das Bild der ineinandergreifenden Einflüsse und Kreisel vermittelt einen Überblick über die wichtigsten Elemente und Kräfte, die das Tourismuswachstum bestimmen bzw. davon beeinflusst werden. Das Modell zeigt auch auf, wo die verschiedenen Ansatzpunkte für eine Prozesssteuerung liegen könnten (Aufgabe der Tourismuspolitik). Es verdeutlicht schliesslich, wie wichtig vernetztes Denken insbesondere auch im Tourismus ist.

Tourismuspolitische Probleme nach Entwicklungsstand

Das touristische Wachstumsmodell ist zwar generalisierbar, doch zeigen sich unterschiedliche Herausforderungen je nach Entwicklungsstand (vgl. nachfolgende Abbildung):

- Die unterentwickelten Länder (LDC) kämpfen mit Markteintrittsbarrieren (hohe Transportkosten, Visabestimmungen, hohe Importquote, hoher Fremdeinfluss etc.)
- Die Schwellen- und die erst seit Kurzem industrialisierten Länder (NIC) haben Nachhaltigkeitsprobleme (schnelles Wachstum, Infrastrukturen, Harmonisierung von Kapazitäten, Engpässe etc.)
- Die hoch entwickelten Länder haben Mühe mit der Wettbewerbsfähigkeit (Wachstumsschwäche, Konkurrenzfähigkeit bezüglich der Faktoren Arbeit und Kapital, fragmentierte Strukturen etc.) (Vgl. Keller 2005, S. 5).

Abbildung 6: **Unterschiedliche tourismuspolitische Probleme nach Entwicklungsstand**

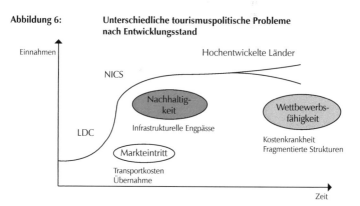

Quelle: Keller, P.: Neue tourismuspolitische Paradigmen, Bern 2005, S. 6

2.4   Die touristische Nachfrage von den Erklärungsansätzen bis zum Reiseverhalten

Kreislauf der Wiederherstellung

Tourismus gilt in breiten Kreisen als die Goldgrube der Neuzeit. Der touristische Siegeszug wurde nachfrage- wie angebotsseitig durch verschiedene Faktoren stark begünstigt. Die wichtigsten nachfrageseitigen Kräfte wurden bereits in Kapitel 1.3 beschrieben: die Wohlstandssteigerung, die Verstädterung, die Freizeitzunahme, die Arbeitsplatzsituation und die Motorisierung. Doch erst die unternehmerische Initiative verwandelte die günstigen Voraussetzungen in einträgliche Geschäfte. Hier lagen und liegen noch immer die eigendynamischen Kräfte, die angebotsseitigen Push-Faktoren des Tourismus. Ob im Endeffekt diese «Märktemacher» oder die nachfrageseitigen Bedürfnisse den Boom auslösten, lässt sich ebenso wenig schlüssig beantworten wie die alte Frage nach dem Huhn und dem Ei.

Der ‹Kreislauf der Wiederherstellung› (vgl. Kap. 1.4) beginnt beim Menschen und seinen individuellen Bedürfnissen. Der Mensch ist ständig auf der Suche nach einem Zustand des Gleichgewichts bzw. der Ausgeglichenheit. Er ist in zahlreiche Spannungsfelder gegensätzlicher Bedürfnisse eingefangen, wie z.B. Freiheit und Gebundenheit, Anstrengung und Entspannung, Arbeit und Erholung. «Lebensbewältigung heisst nun, zwischen diesen Bedürfnissen sein Gleichgewicht immer wieder neu zu erlangen» (Krippendorf 1984, S. 49). Auf der Suche nach diesem Gleichgewicht sind Freizeit und vor allem Reisen offensichtlich sehr bedeutungsvoll.

Die menschlichen Grundbedürfnisse nach Freiheit, Entspannung, Erholung usw. stehen am Anfang der touristischen Nachfrage. Sie ergeben sich als eine Art Kontrast aus den alltäglichen Zwängen. Diese Grundbedürfnisse werden durch das gesellschaftliche Umfeld stark beeinflusst und bestimmt. Für jedermann scheint festzustehen: Ferien heisst reisen – verreisen.

Noch viele weitere Kräfte in unserer westlichen Gesellschaft verstärken den Drang nach draussen, obwohl sie nicht bewusst darauf ausgelegt sind: Die steigenden Einkommen, die verkürzte Arbeitszeit, die Organisation der Arbeits- und Schulzeit, die zunehmende (Auto-)Mobilität, die ungenügende Freizeitqualität der städtischen Wohnumwelt, eine gegebenenfalls günstige Währungslage, moderne Kommunikationsmittel, die allgemeine Werbung, die Mode usw. Alle diese Beeinflussungen sagen dem bedürftigen Menschen: «Deine Erwartung heisst Tourismus.» Sie lassen ihn sogar glauben, dass sein Bedürfnis in Wirklichkeit immer ein touristisches gewesen sei (Lainé 1980, S. 74). Reisen ist zu einer sozialen Norm geworden.

Schliesslich ist die Beeinflussung durch die Tourismusanbieter nicht unerheblich. Die Kommerzialisierung der Erholungsbedürfnisse geschieht nach den anerkannten Regeln der Marketing-Kunst. Wie geschickt Ferienstimmung vermittelt wird, ist aus Katalogen, Plakaten, Inseraten, Werbefilmen, Internet-Clips usw. bekannt. Möchte man von einem einzelnen Touristen die Reisemotive – seine Beweg-Gründe also – erfahren, so erstaunt es nicht, dass viele jener Gründe genannt werden, die in der Tourismuswerbung immer wieder anklingen. Insofern sind die Motive des Einzelnen weitgehend etwas ‹Gemachtes›, etwas Sekundäres, eine nachträgliche Rationalisierung der unreflektierten primären (gesellschaftlichen) Motivation (Vgl. Hömberg 1978, S. 40).

Ob also ein Grundbedürfnis tatsächlich zu einem Reisemotiv wird, hängt stets von einem Bündel von Faktoren ab, die nicht isoliert nebeneinander stehen, sondern sich gegenseitig beeinflussen. Die Gewichtung der einzelnen Einflussfaktoren wird bestimmt von der individuellen Situation eines Touristen.

Aus den Reisemotiven entstehen Reiseerwartungen: Von Reisen erwartet man Wiederherstellung (Re-Kreation), Gesundung und Gesunderhaltung von Körper und Geist, Schöpfung von neuer Lebenskraft, von neuem Lebensinhalt. Reisemotive und Reiseerwartungen zusammen beeinflussen das Verhalten vor, während und nach den Ferien: Wie sich ein Tourist vorbereitet, wie und wann er reist, welche Ferienaktivitäten er bevorzugt, wie zufrieden er mit der Reise ist, welche Erfahrungen er nach Hause bringt.

Diese Zusammenhänge sind stets vor Augen zu halten, wenn wir in der Folge versuchen, einzelne ‹Kräfte›, die auf den Kreislauf der Wiederherstellung einwirken oder von ihm ausgehen, zu beschreiben.

Abbildung 7:   **Entstehung der touristischen Nachfrage**

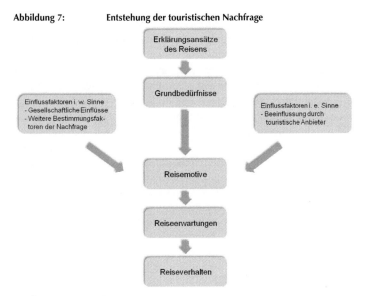

Quelle: FIF Universität Bern 2011

Erklärungsansätze des Reisens

Wenn es um die Erklärung der Popularität des Reisens geht, stehen drei Ansätze im Vordergrund:

* Reisen als Flucht vom Alltag,
* Reisen als Sehnsucht,
* Reisen auf der Suche nach kultureller Identität.

Die kritische Tourismustheorie interpretiert den modernen Tourismus vor allem als grosse Flucht-Bewegung vor dem als unbefriedigend empfundenen industriellen Alltag. Wohn-, Arbeit- und Freizeitwelt können demnach nur ertragen werden, wenn der Ausbruch auf Zeit in Form von Ferien für breite Schichten möglich ist. Von-weg-Motivation als hauptsächliche Triebfeder.

Ferne Reiseziele hatten jedoch schon und haben noch immer eine besondere Anziehungskraft. Fernweh, Hin-zu-Motive oder die Sehnsucht nach einem mühelosen Leben sind ebenfalls sehr bedeutungsvoll, wenn das Phänomen Reisen erklärt werden soll.

Schliesslich können die monokausale Flucht- und die schöngeistige Sehnsuchtsthese ergänzt werden durch einen weiterführenden kulturellen Erklärungsansatz (vgl. Thiem 1993): Im Prozess der fortlaufenden Rationalisierung, Arbeitsteilung und Lebenszerstückelung, der den menschlichen Grundbedürfnissen nach Sicherheit, Aktivität und gesellschaftlicher Zugehörigkeit zuwiderläuft, übernimmt die Ferienkultur westlicher Prägung vitale Funktionen zur kulturellen Identitätsfindung. Sie befriedigt insbesondere Grundbedürfnisse im sinnlichen und emotionalen Bereich, die in der rational- und nutzenorientierten Industriegesellschaft kaum mehr Platz haben. Dazu gehören Mythen, Rituale, und Utopien.

Thiem (1993) kommt zum Schluss, dass die moderne Ferienkultur derjenige Bereich ist, auf den uralte seelische Grundmotive, Archetypen in erster Linie und in besonderem Masse projiziert werden und der die entsprechenden Bedürfnisse für die Kultur der Quellregion erfüllt. Der mythische, rituelle und utopische Charakter von Ferien und Reisen übernimmt wichtige Funktionen für Pluralismus, Sicherheit und Aktivität und damit für die kulturelle Identität in der Quellregion.

Touristische Grundbedürfnisse

Fragt man einen einzelnen Menschen, warum er eine Reise unternimmt, so werden vielfach nur vordergründige Motive genannt: ‹Abschalten und Ausspannen›, ‹Tapetenwechsel›, ‹Frische Kräfte sammeln› usw. Hinter diesen Motiven stehen die eigentlichen Bedürfnisse. Zwar wird in der Literatur unter einem Bedürfnis ziemlich einheitlich «das Gefühl eines Mangels mit dem gleichzeitigen Wunsch, diesen zu beseitigen» verstanden (Spatt 1975, S. 22). Eine genaue Abgrenzung zum ‹Motiv› als dem ‹Verhalten prägenden Beweggrund› lässt sich jedoch nicht vornehmen.

Maslow (1977, S. 74f.) hat versucht, die menschlichen Grundbedürfnisse, die im Menschen mit der Kraft von Naturgesetzen wirksam werden, die jedoch individuell wieder sehr verschieden sein können, in eine Hierarchie zu bringen:

1. *Physiologische Bedürfnisse:* Essen, Trinken, Schlafen, Wohnen, Paarungstrieb, Ruhe usw.

2. *Bedürfnis nach Sicherheit:* Minimal-Einkommen, Ordnungsstrukturen, Gesetze, Regeln, Stabilität, Versicherungen, angstfreies Leben, Recht auf Arbeit und Wohnung usw.
3. *Bedürfnis nach Zugehörigkeit und Liebe:* Kontakte, Zärtlichkeit, Zuneigung, Gruppenzugehörigkeit, Freundschaft, Kooperation, Kommunikation, Solidarität usw.
4. *Bedürfnis nach Achtung und Wertschätzung:* Selbstvertrauen, Anerkennung, Erfolg, Status, Prestige, Macht, persönliche Freiheiten und Kompetenzen usw.
5. *Bedürfnis nach Selbstverwirklichung:* Individuelle Freiheit, Unabhängigkeit, Kreativität, schöpferische Entfaltung, Selbstverantwortlichkeit, Identität, Freude, Glück, Harmonie, Ekstase usw.

Der Mensch befolgt bei der Befriedigung seiner Bedürfnisse eine bestimmte Reihenfolge, die bei den Existenzbedürfnissen einsetzt und erst bei einem gewissen Sättigungsgrad höher geordnete Bedürfnisse einbezieht.

Es erscheint naheliegend, dass sich die touristische Bedürfnisentwicklung im Zeitablauf ähnlich vollzieht wie die Bedürfnisentwicklung des Menschen schlechthin. Damit liefert uns die Bedürfnishierarchie von Maslow Erklärungsansätze, wie sich ‹der Tourist von morgen› entwickeln, wie er sich ‹emanzipieren› könnte.

Die in der Fachliteratur am häufigsten verwendete Unterscheidung ist jene in die vier folgenden touristischen Grundbedürfnis-Gruppen:

Bedürfnis nach Ruhe und Erholung

‹Ruhe haben› versteht sich vor allem als Abwendung von der Vielfalt der Reize, die als Hast und Hetze, Unruhe und Lärm während der Arbeit und im grossstädtischen Alltagsleben auf die Menschen einstürmen. ‹Erholung› bezieht sich auf die körperliche Ermüdung, vor allem jedoch auf die Erholung von geistiger und nervlicher Belastung: Der Mensch will abschalten und ausspannen können.

Bedürfnis nach Abwechslung und Ausgleich

Als Tourist sucht der Mensch Ausgleich zu seiner einseitigen Beanspruchung in der Arbeitswelt. Er will etwas Neues und ganz anderes tun, will etwas erfahren und erleben, das nicht dem üblichen Alltag entspricht. Mit andern Worten will der Tourist sein ‹anderes Ich› verwirklichen. Vielfach sucht er auch blosse Abwechslung, weil er das Gewohnte und das tägliche Einerlei satt hat.

Bedürfnis nach Befreiung von Bindungen

Die Alltagswelt besteht aus einer Vielzahl von Gesetzen, Ordnungen und Regelungen, in die man täglich eingespannt ist. Der Tourist will aus diesem ‹Muss› ausbrechen und für einmal tun, was er will. Er fühlt sich dann frei, ungezwungen und sich selbst. Um diese Befreiung voll verwirklichen zu können, verlässt er die gewohnte Umwelt und legt eine möglichst grosse Distanz zwischen sich und diese Umwelt.

Bedürfnis nach Kommunikation

Der Alltag ist wegen monotoner Arbeit, beengender Einzelbüros, unpersönlicher Grossüberbauungen und Ähnlichem für viele Leute kontaktsteril. Als Ausgleich dazu streben sie Begegnungen mit andern Menschen und Kommunikation an. Die Geselligkeit stellt ein Gegenstück zur isolierenden Geschäfts- und Wohnwelt dar.

Gesellschaftliche Einflüsse auf die touristische Nachfrage

Die modernen Reisebedürfnisse sind überwiegend von der Gesellschaft erzeugt und vom Alltag geprägt. So ist denn der grosse Massenauszug unserer Tage eine Folge von Verhältnissen, die uns die Entwicklung unserer Gesellschaft beschert hat.

Werte und Normen

Untersuchungen zeigen, dass ganz allgemein ein enger Zusammenhang besteht zwischen den Wertvorstellungen bestimmter Bevölkerungsgruppen und ihren Einstellungen und Handlungsweisen. Die Wertvorstellungen wurden während Generationen durch die Arbeitsorientierung unserer Gesellschaft geprägt: Man lebt, um zu arbeiten – Freizeit ist oft nur Restzeit – Ferien als Fluchtweg. Der gegenwärtig stark spürbare Wertewandel bringt neue Einstellungen der Menschen zur Arbeit und zur Freizeit. Der Wunsch nach einem neuen Lebensstil hat einen grossen Einfluss auf die touristische Nachfrage und bildet einen guten ‹Nährboden› für neue touristische Verhaltensmuster.

Freizeit

Die Verfügbarkeit über Freizeit, vor allem in Form der Wochenend- und Ferienfreizeit, aber auch von vorzeitiger Pensionierung, bildet eine der wichtigsten Voraussetzungen des Tourismus.

Arbeitsplatzsituation

Viele Menschen langweilen sich heutzutage bei eintöniger Arbeit, die zunehmend technisiert, funktionalisiert und fremdbestimmt ist. Diese Bedingungen am Arbeitsplatz haben einen nicht zu unterschätzenden, aber bisher empirisch noch kaum belegten Einfluss auf die Freizeitgestaltung und die Reisemotivation.

Mobilitätsbereitschaft

Für den Tourismus von Bedeutung kann auch die soziale Mobilitätsbereitschaft des Einzelnen sein: Der moderne Mensch ist nicht mehr so stark wie früher an einen bestimmten Ort gebunden. So ist beispielsweise bei den Jungen eine lockerere Bindung an Heim und Eltern feststellbar. Aber auch die Senioren entdecken vermehrt die Freuden des Reisens (höhere Lebenserwartung, bessere finanzielle Vorsorge, altersspezifische Tourismusangebote u.a.m.).

Wohnumfeld

Die touristische Expansion verläuft parallel zum fortschreitenden städtischen Ballungsprozess. Die Flucht aus Beton, Staub, Benzingestank und Lärm in die Natur ist eines der treibenden Motive des modernen Touristen. Zwar droht sich auch die Umweltqualität an den Tourismusorten zu verschlechtern, doch ist das Attraktionsgefälle zwischen der Alltags- und der Ferienumwelt noch immer gross genug, um Touristen anzuziehen.

Weitere Bestimmungsfaktoren der Nachfrage

Die Frage, ob bestimmte Bedürfnisse einen Bedarf auslösen und schliesslich konsumwirksam werden, hängt neben den Beeinflussungen durch die Gesellschaft und die touristischen Anbieter noch von zahlreichen weiteren Einflussfaktoren ab, die für den einzelnen Menschen bzw. für die gesamte touristische Nachfrage relevant sind:

Einkommensverhältnisse

Nur dasjenige Bedürfnis wird zum touristischen Bedarf und zur touristischen Nachfrage, wofür die Bereitschaft und auch die Mittel zu ihrer Befriedigung bestehen. Nur ein mit einer gewissen Kaufkraft ausgestatteter Beweg-Grund wird zu einer touristischen Nachfrage. Tourismus ist somit erst bei Erreichen einer bestimmten (allerdings individuell unterschiedlichen) Einkommensgrenze möglich. Die Einkommenselastizität beträgt je nach Entwicklungsstand eines Landes zwischen 0,5 (Einkommensschwankungen wirken sich unterproportional auf die touristischen Frequenzen aus) und 2. In den meisten Ländern hat der für touristische Leistungen aufgewendete Anteil am Volkseinkommen – die so genannte touristische Konsumquote – noch immer steigende Tendenz.

Vermögensverhältnisse

Vermögen entsteht weitgehend aus früheren (gesparten) Einkünften und ist für touristische Zwecke ebenso bedeutungsvoll wie das Einkommen. Für das Vermögen gelten weitgehend die gleichen Aussagen wie für das Einkommen.

Währungslage

Die absolute und relative Preishöhe kann durch die Währungslage (Devisenkurse) in ihrer Bedeutung verstärkt oder gedämpft werden. Eine österreichische Studie (Smeral 1995) zeigt, dass sich die Logiernächte um 6% verringern, wenn sich das währungsbedingte Preisniveau gegenüber den Konkurrenzländern um 10% erhöht. Eine Studie in der Schweiz kommt für die Jahre 2005–2010 auf eine Wechselkurselastizität von -0,94, wobei die Unterschiede von Land zu Land gross sind: für USA -0,67, für Grossbritannien -0,79, für Deutschland -0,90, für Belgien -1,19 oder für Holland -1,77 (Baldi, Brunner 2010, S. 4).

Konjunktursituation

Angesichts der hohen Zuwachsraten der touristischen Nachfrage in den letzten Jahrzehnten herrschte oftmals die Meinung vor, der Tourismus sei weitgehend konjunkturunabhängig. Seit der wirtschaftlichen Rezession der 90er-Jahre dominiert jedoch die Auffassung, dass der Tourismus relativ stark konjunkturabhängig ist, die Auswirkungen jedoch mit gewissen Verzögerungen eintreten, bei Inlandreisen in der Regel früher als bei Auslandreisen. Das gegenseitige Abhängigkeitsverhältnis lässt sich aber zahlenmässig nicht genau erfassen. Vieles deutet aber darauf hin, dass die konjunkturbedingten Schwankungen der touristischen Nachfrage geringer sind als in andern Wirtschaftszweigen und dass sich konjunkturelle Rückschläge weniger in Frequenzeinbussen als vielmehr in Umsatzrückgängen äussern: Es wird weniger weit, weniger lang und billiger gereist, aber verreist wird dennoch. Der Grund dürfte weitgehend darin liegen, dass die touristischen Bedürfnisse für breite Bevölkerungskreise heute so genannte ‹Essentials› (Elementarbedürfnisse) darstellen.

Bevölkerungswachstum und Bevölkerungsverteilung

Die Erdbevölkerung hat sich in den letzten 40 Jahren verdoppelt und beträgt beim Jahreswechsel 2010/11 6,93 Milliarden. Bis ins Jahr 2025 wird sie gemäss UNO auf rund acht Milliarden ansteigen. Dieser Zuwachs ist jedoch weitestgehend auf die Bevölkerungsexplosion in Entwicklungsländern zurückzuführen. In Industrieländern rechnet man mit nur noch leicht wachsenden bis stagnierenden Bevölkerungszahlen, was nicht ohne Einfluss auf die touristische Nachfrage bleiben wird.

Berufsstruktur und Bildungsniveau

Die Berufsstruktur ist weitgehend geprägt durch die seinerzeitige Schulbildung. Verschiedene Untersuchungen weisen darauf hin, dass mit höherem Bildungsniveau die Reisefreudigkeit steigt. Die Tatsache ist nicht nur auf das mit höherer Schulbildung generell steigende Einkommen zurückzuführen, sondern auch auf eine vermehrte ‹geistige Aufgeschlossenheit›.

Altersstruktur

Die Verschiebung der Alterspyramide nach oben, die Verlängerung des Ruhestandes und die zunehmende finanzielle Sicherheit im Alter bewirken in vielen Ländern eine stark zunehmende Reisefreudigkeit älterer Menschen, denen vor wenigen Jahren mangelnde Mobilität nachgesagt wurde. Die «Best Agers» wurden zum Wirtschaftsfaktor. Nach wie vor gilt jedoch die junge Bevölkerung als am reisefreudigsten.

Verkehrsmittel

Der Aufschwung des Tourismus wäre ohne ein gut organisiertes und hochtechnisiertes Verkehrswesen nicht möglich gewesen. Fast weltweit verzeichnen fast alle Verkehrsträger grosse Zuwachsraten: Der Strassen- wie der Schienenverkehr, der Luft- wie der Schiffsverkehr. Und auch die Popularität des Langsamverkehrs ist laufend am Steigen.

Sozialgesetzgebung

Die beiden gesellschaftlichen Einflussfaktoren Arbeitsplatzsituation und Freizeit werden teilweise durch das freie Ermessen des einzelnen Arbeitgebers bestimmt und können sich je nach seinen Interessen verändern. In der Regel spielt heute jedoch die Sozialgesetzgebung des Staates oder der Berufsverbände (Gesamtarbeitsverträge) eine wichtigere Rolle. Man denke insbesondere an: wöchentliche Höchstarbeitszeit, 5-Tage-Woche, Ferienanspruch und Feriengeld, Krankheits- und Unfallversicherung, Ruhestandsregelung u.a.m.

Gesellschaftsordnung

Die Gesellschaftsordnung (west-)europäischer Länder kann mit den Hauptmerkmalen ‹Demokratie als Staatsform› und ‹soziale Marktwirtschaft als Wirtschaftsordnung› gekennzeichnet werden. Sie sind eine wesentliche Voraussetzung für die Entwicklung des modernen Tourismus, da sie insbesondere auf Wohlstand, Konsum, Leistung, Bildung, Mobilität und Technik beruht. Verschiedene Beispiele des Massentourismus zeigen, dass jedoch umgekehrt auch der Tourismus einen starken Einfluss auf die Gesellschaftsordnung und -struktur ausüben kann.

Nationale Teilpolitiken

Wenn wir an dieser Stelle von politischen Einflussfaktoren sprechen, so denken wir an Tätigkeiten bzw. Entscheide wie beispielsweise Devisenbeschränkung für Auslandreisende oder tourismusfreundliche oder -feindliche Steuern oder Gebühren aller Art. Eine ausführliche Darstellung der tourismusrelevanten Teilpolitiken erfolgt im Kapitel 3.

Weltpolitik

Welchen Einfluss internationale politische Entscheide haben können, zeigen einerseits Beispiele wie der EU-Binnenmarkt, das Schengen-Abkommen oder die Öffnung Osteuropas, von denen der grenzüberschreitende Tourismus durch vereinfachte Grenzformalitäten profitiert. Andererseits demonstrieren Beispiele die Kurdenfrage in der Türkei, die Spannungen im Nahen Osten oder die Unruhen in Ex-Jugoslawien, wie abhängig der Tourismus von stabilen und sicheren Verhältnissen ist.

Terrorismus und Krieg

Die beiden Weltkriege des letzten Jahrhunderts brachten in den Jahren 1914 und 1939 – weltweit gesehen – den noch recht bescheidenen internationalen Tourismus praktisch zum Erliegen. Aktuelle Beispiele wie der 11. September 2001 oder das Massaker von Luxor zeigen, wie sensibel die touristische Nachfrage auf terroristische Anschläge und Krisenherde reagiert. Beispielsweise hat die Besucherzahl deutscher Touristen in den USA von 1,8 Mio. im Jahre 2000 auf 1,34 Mio. im Jahre 2001 abgenommen. Dabei gilt die Grundregel, dass der Perimeter des von einem Nachfragerückgang betroffenen Gebietes umso grösser ist, je weiter weg sich der Nachfragemarkt befindet.

Natürliche Extremereignisse

Beispiele wie die Lawinenniedergänge mit Todesfolge in Galtür und die Tsunami-Katastrophe im Indischen Ozean vom 26. Dezember 2004 machen deutlich, wie anfällig die touristische Nachfrage auf natürliche Extremereignisse ist. Es dauert oft Jahre, bis das Vertrauen wieder hergestellt ist. Insbesondere im Zusammenhang mit der Klimaänderung muss davon ausgegangen werden, dass sich die natürlichen Extremereignisse mit ihren Folgen noch mehren werden (Vgl. Weber 2007).

Beeinflussung durch Tourismusanbieter

Die Tourismusanbieter haben es seit jeher verstanden, den «ferienhungrigen» Menschen nicht nur Erfüllung anzubieten, sondern dort, wo noch nötig, auch die dazugehörigen Wünsche und Sehnsüchte zu erzeugen. Seit sich der Tourismus von einem Verkäufer- zu einem Käufermarkt gewandelt hat, das Angebot stärker gewachsen ist als die Nachfrage, spielt das touristische Marketing eine immer wichtigere Rolle. Das Schlagwort ‹Marketing› ist zum Symbol für erfolgreiches Bestehen im Kampf um den Touristen geworden. Es will sagen: Nachfrage «produzieren», Entdecken und Ausfüllen von Marktlücken, Aufspüren touristischer Potenziale. Und es heisst auch Wecken schlummernder oder gar Schaffen neuer Bedürfnisse.

Marketing steht für eine unternehmerische Grundhaltung, einen Betrieb auf den Markt auszurichten und damit marktgerecht zu führen. Im Mittelpunkt stehen die Bedürfnisse der Gäste. Als praktische Tätigkeit bedeutet Marketing (SHV 1992, S. 25): «Die nachgefragte Leistung, zur richtigen Zeit und am richtigen Ort, zum richtigen Preis, auf dem geeigneten Weg, mit wirksamer Werbung und Verkaufstechnik den richtigen Kunden bieten und damit einen angemessenen Gewinn erzielen.»

Reisemotive

Aus den touristischen Grundbedürfnissen entstehen – beeinflusst durch die gesellschaftliche, wirtschaftliche, politische und ökologische Situation sowie durch die Marketinganstrengungen der touristischen Anbieter – die eigentlichen Beweg-Gründe, die Reisemotive.

Das Motiv wird in Lexiken umschrieben als Beweg-Grund des auf die Verwirklichung eines Zieles gerichteten Verhaltens im Sinne eines das Verhalten auslösenden Antriebes oder einer Vorstellung, die bewusst oder unbewusst sein kann. Spricht man von Motivation, so denkt man an die jeweils relevante Motiv-Kombination, also an jene inneren Prozesse, die dem individuellen Verhalten Richtung und Intensität geben. Opaschowski (2002, S. 91) beschreibt das mehrdimensionale Motivbündel als eine Mischung aus

• Sonne, Ruhe und Natur
• Kontrast, Kultur, Kontakt und Komfort
• Spass, Freiheit und Aktivität

Für die touristischen Anbieter ist es ausserordentlich wichtig, diese Handlungsantriebe ihrer Gäste zu kennen, um ihr Angebot entsprechend ausrichten zu können. In der nachfolgenden Abbildung sind die touristischen Beweg-Gründe, wie sie im Auftrag der Forschungsgemeinschaft Urlaub und Reisen für Deutschland ermittelt wurden, detailliert wiedergegeben (Lohmann/Aderhold 2009, S. 34ff.). Fasst man die einzelnen Motive zu Motivgruppen zusammen, lassen sich folgende touristische Motivkategorien unterscheiden:

- Entspannung, Erholung, Gesundheit
- Abwechslung, Tapetenwechsel, Erlebnis, Geselligkeit
- Naturerleben, Umweltbewusstsein, Wetter
- Bewegung, Sport
- Entdeckung, Eindrücke, Bildung
- Selbständigkeit

An dieser Motivationslage hat sich in den letzten Jahren nur wenig verändert, doch ist ein Trend in Richtung aktiver Erholung feststellbar. Auch die Bedeutung von ‹Abwechslung und Geselligkeit› sowie ‹Klimaflucht› nimmt leicht zu. Lohmann/Aderhold (2009, S. 85) kommen zum Schluss, dass die Basismotive beinahe unverändert geblieben seien, sich jedoch differenziertere Ansprüche auf höherem Niveau zeigen, ein Wandel von den Dienstleistungs- zu Erlebniserwartungen im Gang sei und dass trotz der hohen Bedeutung der Erholungsmotive immer mehr in einen Urlaub gepackt werden möchte.

Abbildung 8:   **Reisemotive (Deutschland)**

Frage: «Sagen Sie mir bitte, wie wichtig die jeweiligen Dinge für Sie persönlich sind, wenn Sie Urlaub machen.» Besonders wichtig		
	2000	2009
• Entspannung, keinen Stress haben	59%	62%
• Abstand zum Alltag gewinnen	54%	59%
• Frische Kraft sammeln, auftanken	50%	58%
• Frei sein, Zeit haben	52%	56%
• Sonne, Wärme, schönes Wetter geniessen	42%	52%
• Zeit füreinander haben	42%	48%
• Gesundes Klima	41%	44%
• Spass, Freude, Vergnügen haben	37%	43%
• Natur erleben	37%	40%
• Ausruhen, Faulenzen	33%	33%
• …		
• Leichte sportliche/spielerische Betätigung	9%	9%
• Flirt/Erotik	9%	8%
• Entdeckung, Risiko, aussergewöhnliche Begegnung	8%	7%
• Aktiv Sport treiben	8%	6%
Summe der Nennungen für «besonders wichtig»	820	868

Quelle: Lohmann/Aderhold: Urlaubsreisetrends 2020, Kiel 2009, S. 122

Reiseerwartungen

Reisemotive und Reiseerwartungen sind kaum scharf voneinander zu trennen. Sie beeinflussen sich gegenseitig stark. Durchschnittlich nennen Touristen zwischen sieben und acht Aspekte, die ihre Reisemotivation ausmachen. Entsprechend diffus sind auch die Erwartungen, die an eine Reise gestellt werden. Von Reisen erhofft man sich: (Krippendorf 1984, S. 59f.)

• *Erholung und Regeneration,* also die Wiederherstellung der körperlichen und seelischen Kräfte,

• *Kompensation* von alltäglichen Zwängen und Entbehrungen sowie gesellschaftliche Integration,

• *Kommunikation,* d.h. Kontakte zu andern Menschen als Gegenstück zur Anonymität und Beziehungslosigkeit im Alltag,

- *Horizonterweiterung* im Sinne von etwas für Kultur und Bildung tun,
- *Freiheit und Selbstbestimmung*, also Befreiung von Bindungen, Ausbruch aus dem «Muss», aus Ordnung und Regelung,
- *Selbsterfahrung und Selbstfindung*, verstanden als Chance, den Weg zu sich selbst zu finden,
- *Glück*, verstanden als spannungsfreier, ungestörter Zustand der Ausgeglichenheit bei einer gewissen freien Selbstentfaltung. Hans Magnus Enzensberger beschrieb den Tourismus einmal als ‹populärste Form von Glück›.

Untersuchungen zu den Qualitätserwartungen zeigen immer wieder in etwa das gleiche Bild: Ganz zuoberst stehen Freundlichkeit, Atmosphäre, landschaftliche Schönheit mit Werten zwischen 88 und 90%. Es folgen gesundes Klima, Sicherheit, Sauberkeit und gute Küche mit Werten zwischen 80 und 88% sowie Kontaktmöglichkeiten, gutes Preis-Leistungsverhältnis, Erreichbarkeit und Sehenswürdigkeiten mit Werten zwischen 70 und 80% (Opaschowski 2008, S. 7).

Kann der Tourismus diesen vielfältigen und hochgesteckten Erwartungen genügen? Kann während der kurzen Urlaubszeit ein Ausgleich für all das gefunden werden, was wir im Alltag vermissen, was wir verloren haben oder was uns abhanden gekommen ist? «Ferienerwartungen sind Glücksvorstellungen. Die Reise aus dem Alltag als eine Art zweites Leben, in dessen Gefässe man seine wahren Lebenswünsche und Hoffnungen hineinpumpt. Der Karren ist überladen, mit Wünschen und Sehnsüchten übersetzt», schreibt Krippendorf (1984, S. 17 und 63).

Reiseverhalten

Bedürfnisse, Motive und Erwartungen stimmen nur selten vollständig mit dem tatsächlichen Verhalten überein. Man wünscht sich ruhige Ferien im Grünen, und begibt sich in einen turbulenten Touristenort; man träumt von der Entdeckung fremder Länder und ist nicht bereit, sich genügend zu informieren; man möchte unbekannten Menschen begegnen und reist voller Vorurteile an. In diesem Kapitel wird das tatsächliche Verhalten der Touristen vor, während und nach einer Ferienreise etwas ausgeleuchtet.

Reiseentscheidung

Das Institut für öffentliche Dienstleistungen und Tourismus (IDT 1996, S. 33) hat in einem empirischen Verfahren versucht, den Reiseentscheid mit Hilfe der AHP-Methode (Analytical Hierarchy Process) zu strukturieren. Dabei ergaben sich sechs Entscheidhierarchien: (1) Reiseziel, (2) Urlaubsart, (3) Zeitpunkt und Aufenthaltsdauer, (4) Unterkunftsart, (5) Organisation und Begleitung sowie (6) Transport/Verkehrsmittel. Pikkemaat (2002, S. 205) hat diese Entscheidhierarchie bestätigt und exemplifiziert. Bei der Reiseentscheidung stützt sich der Tourist häufig auf eigene Erfahrungen (45%). Wichtigste externe Quellen sind mit je 50% nach wie vor ‹Gespräche mit Freunden und Bekannten› sowie die Beratung im Reise-/Verkehrsbüro. Das Internet hat mit 32% die Bedeutung von Katalogen der Reiseveranstalter (23%) sowie jene der Reiseführer (Bücher) mit 13% überholt (Lohmann/Aderhold 2009, S. 82).

Reisevorbereitung

Nach erfolgtem Reiseentscheid beginnen mit der Reservierung, Anmeldung oder Buchung die eigentlichen Reisevorbereitungen. Die Schweizer sind ausgesprochene Individualtouristen: 69% aller Reisen sind Individualreisen (Bieger/Laesser 2008, S. 9). Der Trend zu vermehrten Flugreisen und exotischen Reisezielen führt in der Tendenz zu vermehrter Inanspruchnahme von Reisemittlern.

Die Deutschen nahmen 2008 beispielsweise bei ihrer Haupturlaubsreise zu 84% eine Buchungsstelle in Anspruch, davon 46% für eine Pauschal- oder Bausteinreise und 38% für Teilleistungen, und nur 16% gaben an, nichts vorher gebucht zu haben (Lohmann/Aderhold 2009, S. 88).

Reisebegleitung

Die Anzahl der allein Reisenden ist allgemein relativ gering: Sie liegt für die Haupturlaubsreise bei rund 11%. Ein grosser Anteil der Reisen wird mit einer Begleitperson angetreten (45%) oder mit mehr als zwei Personen ohne Kinder (26%) (Lohmann/Aderhold 2009, S. 126).

Reisezeitpunkt

Der Sommer ist noch immer die beliebteste Reisezeit: 48% aller Urlaubsreisen der Deutschen fanden in den Monaten Juni, Juli oder August statt. Die übrigen 52% verteilen sich auf die restlichen neun Monate des Jahres. Noch 1983 entfielen 60% aller Urlaubsreisen auf die drei Sommermonate (Lohmann/Aderhold 2009, S. 130).

Reisedauer

Die durchschnittliche Reisedauer widerspiegelt unter anderem die Reisegewohnheit eines Volkes oder bestimmter Teile davon. Weil in vielen Ländern ein deutlicher Trend zu Zweit- und Drittreisen besteht, sinkt die durchschnittliche Reisedauer auf vergleichsweise tiefe Werte. In Deutschland betrug die Haupturlaubsreise 1980/81 im Durchschnitt noch 17,7 Tage, 2008 nur noch 13,4 Tage (Lohmann/Aderhold 2009, S. 128). Ein Gegentrend ist seit Anfang der 90er-Jahre zu beobachten: Die Reisen mit einer Dauer von mehr als drei Wochen nehmen laufend zu (Bieger/Lässer 2005, S. 17).

Reiseziele

Beliebtestes Reiseziel ist immer das eigene Land, doch nimmt die Popularität für die Hauptferienreise tendenziell ab: 1992 betrug der Inlandanteil in der Schweiz noch 44%, 2007 nur noch 29%. Die Nachbarländer ziehen 35% der Reisenden an, das übrige Europa 21% und Übersee 15% (Laesser/Bieger 2008, S. 7). Auch in Deutschland verbrachten 2008 nur noch 31% ihren Haupturlaub im eigenen Land (1993 waren es noch 35%), während der Anteil der aussereuropäischen Länder von 1993 bis 2008 von 10% auf 17% stieg (Lohmann/Aderhold 2009, S. 102).

Zwischenruf

Clubstress – Clubroutine – Clubkoller

Clubferien liegen im Trend. «Surfing the trends» heisst die Devise marketingbewusster Anbieter und modebewusster Nachfrager. Wer nicht out sein will, hat Cluberfahrung. Und wer Cluberfahrung hat, weiss, welchen Gefahren Clubgäste – ob Robini, Gentilmember oder Twen – ausgesetzt sind.

Die bekannteste der Clubgefahren ist der Clubstress. Diese Gefahr ist deshalb besonders gross, weil sich Cluburlauber sportlich-aktiv zu

---

geben haben. Dieser sportlich-aktiven Grundhaltung steht ein verlockendes Angebot gegenüber, und erst noch meist gratis. Müssiggang hat keinen Platz. Der Cluburlaub beansprucht nicht nur den Körper voll und ganz, sondern auch die Diskursfähigkeit während den gemeinsamen Mahlzeiten rund um die Achtertische. Gespräche über Surfen, Volleyball, Tennis, Shuffleboard oder über das Pfeilbogenschiessen füllen den Cluballtag aus – gewollt oder ungewollt.

Der Ausdruck «Cluballtag» weist auf eine zweite Gefahr hin: auf die Clubroutine. Clubs können für sich in Anspruch nehmen, individuelle Gestaltungsmöglichkeiten zu bieten. Also gestaltet jeder seinen Cluballtag individuell. Es kann jedoch beobachtet werden, dass sich ungewollt, aber unweigerlich eine Art Clubroutine einschleicht: Baden – Liegestuhl reservieren – Morgenessen – Gymnastikprogramm – Strandspiele – Apéro – Mittagessen – Sonnenbaden – Pfeilbogenschiessen – Surfen – Baden – Nachtessen – Theater – Schlummertrunk – Schlafen. Jeden Tag dieselben Programmteile mehr oder weniger zur selben Zeit. Der starre Fahrplan der Essenszeiten und Animationsprogramme ist äusserer Ausdruck dieser Clubroutine. Sie bilden Rückgrat und vermitteln Sicherheit. Und wehe dem, der nicht rechtzeitig zum Volleyballspiel erscheint ...

Nicht bei allen, doch bei einigen macht sich gegen Schluss der zweiten Woche eine Art Clubkoller bemerkbar: Man möchte eigentlich gerne dem Clubstress entfliehen und die Clubroutine ablegen, schafft es aber nicht. Der Clubbetrieb mit seinem Überangebot und seiner verlockenden Inszenierung lässt seine Gäste erst los, wenn sie übersättigt sind, wenn sie von all dem, was sie anfangs faszinierte, genug haben: von den riesigen Buffets, die durch die immer wiederkehrende Vielfalt recht eintönig werden, vom kühlen Nass am Strand oder am Pool, das entweder zu salzig oder zu chlorig ist, vom Theater, das von Improvisation, von Kostümen und von Playback lebt.

Das Positive am Clubkoller ist, dass der Abschied leichter fällt. Man sehe sich bestimmt wieder, versichert man lieb gewonnenen Miturlaubern und verlässt die Fremde, ohne ihr wirklich näher gekommen zu sein.

(Hansruedi Müller, in: Hotel- und Tourismus-Revue)

Reiseverkehrsmittel

In der Regel benutzen Touristen während ihren Ferien verschiedene Verkehrsmittel. Wichtigstes Reiseverkehrsmittel ist das Auto (Deutschland 47%) vor dem Flugzeug (37%), dessen Bedeutung noch immer steigt (1996 waren es noch weniger als 30%). Die Bahn (5%) verliert noch immer an Terrain. In jüngster Zeit hat sich der Busanteil mit 9% stabilisiert (Lohmann/Aderhold 2009, S. 136). Bei den Schweizern sind die Prozentanteile ähnlich, obwohl der Anteil der Bahnreisenden noch bei 11% liegt (Bieger/Laesser 2008, S. 11).

Ferienunterkunft

Die Fülle angebotener Unterkunftsmöglichkeiten wird durch die Touristen je nach Reiseform, Reiseziel und Gästeherkunftsland unterschiedlich genutzt. Generell steigt der Anteil jener, die für die Haupturlaubsreise ein Hotel oder eine Ferienwohnung wählen. Stark abnehmend sind die Anteile für Pensionen und Privatzimmer, leicht abnehmend jene bei Verwandten und Bekannten sowie auf Campingplätzen (Lohmann/Aderhold 2009, S. 132).

Reiseausgaben

Die Kenntnis der Reiseausgaben (Fahrt, Unterkunft, Verpflegung und alle Nebenauslagen) ist in verschiedener Hinsicht bedeutungsvoll. Gerade bei solchen Erhebungen ist die Fehlerquelle jedoch relativ gross: Kaum ein Tourist führt genau Buch über seine Ausgaben, und das Erinnerungsvermögen bei Befragungen ist oftmals schlecht.

Abbildung 9: **Durchschnittliche Tagesausgaben nach Gästekategorien**

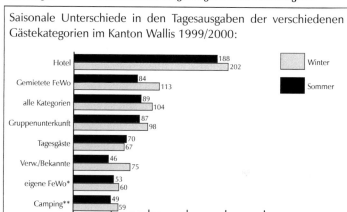

Saisonale Unterschiede in den Tagesausgaben der verschiedenen Gästekategorien im Kanton Wallis 1999/2000:

Tagesausgaben pro Person (Fr.)

Winter

Sommer

Hotel 188 / 202
Gemietete FeWo 84 / 113
alle Kategorien 89 / 104
Gruppenunterkunft 87 / 98
Tagesgäste 70 / 67
Verw./Bekannte 46 / 75
eigene FeWo* 53 / 60
Camping** 49 / 59

* ohne Ausgaben für die Ferienwohnung. ** Winterwert geschätzt (Sommerwert + Fr. 10.– für Bergbahnen)

Quelle: Rütter, H., et al.: Der Tourismus im Kanton Wallis – Wertschöpfungsstudie, Hrsg. Volkswirtschaftsdepartement Kt. Wallis, Visp 2001, S. 75

Gemäss unterschiedlicher Wertschöpfungsstudien in der Schweiz kann generell ausgesagt werden, dass im Alpenraum für Winterferien mehr ausgegeben wird als für Sommerferien, dass ein Hotelgast rund doppelt so viel Umsatz generiert wie ein Ferienwohnungsgast und dass die Ausgaben der übrigen Kategorien wie Zweitwohnungs-, Gruppenunterkunfts-, Verwandte/Bekannte- oder Tagestouristen oft unterschätzt werden.

Aktivitäten am Urlaubsort

Urlaubsbedürfnisse und Urlaubsaktivitäten korrelieren zwar stark miteinander, doch ist es nicht einfach, die Aktivitäten direkt den Bedürfnissen zuzuordnen, da sie subjektiv für jeden Touristen etwas anderes bedeuten können. Wie die folgende Abbildung zeigt, stehen die Bildungsaktivitäten sowie die regenerativ-passiven Beschäftigungen nach wie vor im Vordergrund, gefolgt von sportlichen Aktivitäten und regenerativ-aktiven Betätigungen.

In den vielen Gästebefragungen von nationalen Tourismusorganisationen und lokalen Destinationen stehen die Aktivitäten und deren Beurteilung im Vordergrund. Die Resultate sind stark vom Angebot der Destinationen abhängig.

Verhaltensmuster

Es gibt einige Verhaltensmuster, die vielen Touristen gemeinsam sind, eine Art gemeinsamen Nenner also der im Einzelnen sehr unterschiedlichen touristischen Verhaltensweisen. Beispielsweise wird in der Theorie oft zwischen zwei Verhaltensmustern unterschieden:

- *Kontrast- oder Kompensationshypothese:* Der (Berufs-)Alltag wirkt im konträren Sinn auf die Interessen, das Verhalten und Erleben in den Ferien, d.h. der Einzelne versucht in seinen Ferien das zu kompensieren, was in seinem Alltag zu kurz kommt.
- *Kongruenz- oder Generalisationsthese:* Die im (Berufs-)Alltag erworbenen Verhaltensmuster werden auf die Ferien übertragen, d.h. der Einzelne vermag seine «Alltagshaut» nicht abzustreifen und verhält sich in seinen Ferien kongruent dazu.

Jost Krippendorf (1984, S. 75f.) hat das kongruente Verhalten wie folgt beschrieben: «Wir haben uns im Alltag viele Gewohnheiten, Ansprüche und Verhaltensweisen angeeignet, die sich nicht auf einmal abschütteln lassen, wenn wir wegfahren. Durchtränkt von einem strengen Arbeitsethos, im Beruf auf Disziplin und Pünktlichkeit getrimmt und gänzlich ungeübt in der Kunst, freie Zeit souverän zu nutzen, verfallen wir beim Reisen nahezu zwanghaft in den gewohnten Alltagstrott. Wir nehmen auf Reisen unseren Milieupanzer mit.»

Abbildung 10:   **Ferienaktivitäten (Deutschland)**

Frage: «Wie häufig würden Sie sagen, haben Sie während Ihres Urlaubs in den letzten drei Jahren einzelne der folgenden Aktivitäten ausgeübt?»
Antworten «2006–2008 häufig oder sehr häufig ausgeübt»

		Trend
• **Bildungsorientierte Beschäftigungen**		
Landestypische Spezialitäten essen	64 %	+ +
Ausflüge/Fahrten in die Umgebung machen	58 %	+ +
Kulturelle/historische Sehenswürdigkeiten besichtigen	31 %	+ +
• **Regenerativ-passive Beschäftigungen**		
Vor allem ausruhen, viel schlafen	52 %	+ +
Einkaufsbummel, Geschäfte ansehen	44 %	-
• **Sportliche Betätigungen**		
Im See oder Meer baden	48 %	+
Im Swimmingpool baden	33 %	+
Skifahren/Snowboarden	6 %	+
• **Regenerativ-aktive Beschäftigungen**		
Naturattraktionen besuchen	37 %	+ +
Freizeit-/Vergnügungsparks besuchen	13 %	+
Mit den Kindern spielen	21 %	-

Quelle: Lohmann/Aderhold: Urlaubsreisetrends 2020, Kiel 2009, S. 122

Reisezufriedenheit

Es ist in der touristischen Meinungsforschung weitgehend bekannt, dass die Zufriedenheit mit den Ferien sehr hoch ist. Zu dieser hohen Zufriedenheit muss einschränkend festgehalten werden, dass der Tourist psychologisch unter einem gewissen Erfolgszwang steht. Die meisten Leute können es sich selbst nicht eingestehen, die ‹glücklichsten Wochen des Jahres› negativ zu beurteilen. Ausserdem besitzen die meisten Menschen die Fähigkeit, negative Ereignisse in der Rückerinnerung zu verdrängen oder zu beschönigen. Diese Vorbehalte ändern aber nichts an der Tatsache, dass der Mensch beim Reisen etwas mehr Freiheit, auch etwas mehr Natur und Kontakt mit anderen Menschen und mehr Abwechslung als im Alltag erlebt. Alles Dinge, die einen Zugewinn gegenüber dem normalen Leben bedeuten und auch eine Erklärung für die hohe Reisezufriedenheit sind.

Weitere Merkmale zum touristischen Verhalten, z.B. die Reisezieltreue oder die Reiseerfahrungen, können unzähligen Gästebefragungen entnommen werden.

Kennziffern zur touristischen Nachfrage

Schätzungen zum weltweiten Tourismusaufkommen
Die World Tourism Organisation UNWTO, das Worlds Travel and Tourism Council WTTC oder das Tourismuskomitee der OECD bemühen sich seit Jahren um eine bessere statistische Erfassung der touristischen Bewegungen innerhalb und zwischen den einzelnen Ländern. Dennoch variieren die Zählmethoden von Land zu Land und gewisse Reiseformen (zum Beispiel der Binnen-, der Ausflugs- oder der Zweitwohnungstourismus) werden oft nicht erfasst. Aufgrund verschiedener Quellen lassen sich etwa folgende Aussagen zum globalen Tourismusaufkommen machen: Weltweit gesehen unternimmt etwa ein Viertel der Gesamtbevölkerung eine oder mehrere Reisen von mindestens fünf Tagen Dauer. Beim grenzüberschreitenden Tourismus sind es nur noch ca. 6%. Die Freizeitreisen machen rund 80–90% des Gesamttourismus aus, der Rest entfällt auf Geschäftsreisen. Etwa ein Drittel der Weltbevölkerung beteiligt sich mehr oder weniger aktiv am Ausflugstourismus, wobei die Ferienreisenden und Ausflugsreisenden meistens ein und dieselben Personen sind. Selbstverständlich sind die Prozentzahlen in den Industrieländern wesentlich über diesen Durchschnittswerten und jene in den Entwicklungsländern liegen stark darunter.

Abbildung 11:   **Internationale Touristenankünfte 1960 – 2020**

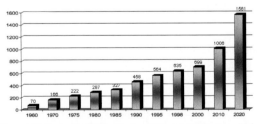

Quelle: WTO, nach Vanhove, N.: The Economics of Tourism Destinations, Oxford 2005

Abbildung 12:　　　**Die globale Tourismusentwicklung 1995 – 2020**

	Ankünfte in Mio. 1995	Ankünfte in Mio. 2010 (Prognose)	Ankünfte in Mio. 2020	Marktanteil in % 1995	Marktanteil in % 2020	Wachstum p.a. 1995–2020 in %
Welt	**565**	**1006**	**1561**	**100**	**100**	**4,1**
Afrika	20	47	77	3,6	5,0	5,5
N/S-Amerika	110	190	282	19,3	18,1	3,8
Ostasien/Pazifik	81	195	397	14,4	25,4	6,5
Europa	**336**	**527**	**717**	**59,8**	**45,9**	**3,1**
Mittlerer Osten	14	36	69	2,2	4,4	6,7
Südasien	4	11	19	0,7	1,2	6,2

Quelle: UNWTO, nach SECO: Wachstumsstrategie, Bern 2010, S. 12

Die internationalen, also grenzüberschreitenden Reisen, die allerdings nur etwa einen Fünftel aller Ferienreisen (Ausflüge nicht eingerechnet) ausmachen, spielen sich zur grossen Mehrheit unter industrialisierten Ländern ab: Von den 935 Millionen internationalen Ankünften im Jahre 2010 (2009 waren es 880 Mio.) fielen 50% auf Europa (471 Mio.) und weitere 15% auf Amerika. Die starken Treiber aber sind die Schwellenländer Asiens und Südamerikas. Auf die Entwicklungsländer entfallen nur einige wenige Prozent (UNWTO 2011).

Erfassung von Reiseströmen

Die statistische Erfassung des Tourismus ist grundsätzlich vor, während oder nach der Reise denkbar. Während der Reise stehen zwei Möglichkeiten im Vordergrund:

- *Grenzmethode:* Der Touristenstrom wird an der Landesgrenze erfasst.
- *Standortmethode:* Die Touristen werden an ihrem Aufenthaltsort im Landesinnern erfasst. Deutschland, Österreich und die Schweiz bedienen sich hauptsächlich der Standortmethode, die durch Befragungen ergänzt wird.

Die Anzahl *Ankünfte* (Reisende) ergibt einen ersten Überblick über das Tourismusvolumen. Der Aussagegehalt ist jedoch nicht besonders gross und kann ohne zusätzliches Zahlenmaterial leicht zu irreführenden Interpretationen führen. In der Schweiz, in Deutschland und in Österreich führen die Statistischen Ämter gemäss der Standortmethode monatliche Vollerhebungen der Ankünfte, der Logiernächte sowie einiger zusätzlicher Indikatoren durch, in der Schweiz und in Deutschland primär bei den Hotel- und Kurbetrieben (HESTA), in Österreich bei allen gewerblichen Betrieben, also auch bei Privatvermietern oder B&B-Anbietern. In der Parahotellerie liegt der Erfassungsgrad bei den Jugendherbergen, Gruppenunterkünften sowie Zelt- und Wohnwagenplätzen ebenfalls hoch. Vor allem in der Schweiz ist hingegen die Erhebung der Ankünfte in Chalets und Ferienwohnungen (PASTA) ein ungelöstes aber wichtiges Thema: grosse Anzahl der Objekte, ungenügende Meldepflicht, diffuse Struktur.

Reisende werden für die Tourismuswirtschaft erst dann richtig ‹interessant›, wenn sie eine Weile am Ort oder im Land verweilen und entsprechende Übernachtungen erbringen. Die Standortmethode der Tourismusstatistik bringt es mit sich, dass eine Ankunft erst registriert wird, wenn mit ihr mindestens eine *Logiernacht* verbunden ist. Eine Unterscheidung zwischen Ferienaufenthalts-, Geschäfts, Ausflugs- oder Passantentourismus wird nicht gemacht. Die Logiernächtezahl ist insbesondere auch deshalb von Bedeutung, weil erfahrungsgemäss die Übernachtungen neben der Reise den grössten Kostenfaktor darstellen. Die Logiernächtestatistik steht somit im Vordergrund des Interesses.

Aus den Ankünften und den Logiernächten kann die durchschnittliche Aufenthaltsdauer errechnet werden. Sie gibt unter anderem Rückschlüsse auf die Gästestruktur (Ferienaufenthalter, Passanten, Geschäftsreisende). Die durchschnittliche *Aufenthaltsdauer* ist nicht nur von Ort zu Ort, sondern auch von Beherbergungsart zu Beherbergungsart verschieden. Je nach Angebotsstruktur sind auch deutliche Unterschiede z.B. zwischen verschiedenen Hotels (des gleichen Ortes) feststellbar.

Ferienreiseintensität

Zu den wichtigsten Kennziffern der touristischen Nachfrage gehört die sogenannte Ferienreiseintensität. Sie lässt sich nicht aus der offiziellen Statistik herauslesen und wird mittels Haushaltsbefragungen erhoben. Spricht man von Reiseintensität, so muss zwischen der Nettoreiseintensität, der Reisehäufigkeit und der Bruttoreiseintensität unterschieden werden.

Unter *Nettoreiseintensität* wird der prozentuale Anteil jener Personen an der Gesamtbevölkerung oder an bestimmten Bevölkerungsgruppierungen verstanden, die während eines Jahres mindestens einmal verreist sind, d.h. eine oder mehrere Reisen im Sinne der für die Untersuchung geltenden Arbeitsdefinition unternommen haben. Diese Arbeitsdefinitionen haben sich einander im Laufe der Jahre weitgehend angepasst und verlangen heute in fast allen Ländern, dass die Reise (inkl. Aufenthalt) mindestens 4 x 24 Stunden (5 Tage bzw. 4 Übernachtungen) gedauert haben muss und nicht aus geschäftlichen oder dienstlichen Gründen angetreten wurde. Aufgrund einer derartigen Arbeitsdefinition steht also die Erfassung der Haupturlaubsreise (Ferienaufenthalt) im Vordergrund. Die Nettoreiseintensität wird kaum mehr als 80% erreichen, denn es gibt immer Menschen, die aus irgendwelchen Gründen (Unfall, Krankheit, Zeit- oder Geldmangel, Ferienmüdigkeit, Alter usw.) nicht verreisen wollen oder können. In der Schweiz lag die Nettoreiseintensität 1992 noch bei 80%. Sie hat sich insbesondere durch die demographischen Veränderungen sowie die Popularität von Kurzreisen bis 2001 auf 69% zurückentwickelt und steht 2007 wiederum bei 77% (Bieger/Laesser 2008, S. 5). In Deutschland betrug sie 1994 78%, im Jahr 2008 noch 76% (Lohmann/Aderhold 2009, S. 62).

Die *Reisehäufigkeit* gibt die Zahl der Reisen an, die pro Tourist im Laufe des untersuchten Zeitraums im Durchschnitt unternommen wurden.

Sie stellt somit ein Mass für die Frequenz des Reisekonsums dar. Sie beträgt in der Schweiz rund 2,5 (Bieger/Laesser 2005, S. 12), in Deutschland 1,4 (Lohmann/Aderhold 2009, S. 78).

Wird die Nettoreiseintensität mit der Reisehäufigkeit multipliziert, so erhält man die *Bruttoreiseintensität*. Darunter versteht man die zur Gesamtbevölkerung in Beziehung gesetzte Zahl der Reisen, die von den am Tourismus teilnehmenden Personen im Laufe des Untersuchungszeitraumes unternommen wurden. Die Bruttoreiseintensität gewinnt vor allem mit der zunehmenden Verbreitung von Zweit- und Drittreisen an Bedeutung.

Nichtreisende

In den Industrieländern gibt es nach wie vor einen Teil der Bevölkerung, der am Reisen nicht Teil hat. Für die Reiseabstinenz werden entweder persönliche Gründe (D 55%, darunter Gesundheit, Alter oder familiäre Gründe mit je 12%) oder finanzielle Gründe (D 52%) genannt (Lohmann/Aderhold 2009, S. 71).

2.5   Touristisches Angebot von den Gästebetten bis zu den Destinationen

Die vielfältigen Reisemotive und Reiseerwartungen bedingen eine Entsprechung beim touristischen Angebot: Das Reisemotiv ‹Entspannung, Erholung, Gesundheit› setzt Ruhe, ein bekömmliches Klima, Sonne und spezielle Dienstleistungen voraus. ‹Naturerleben, Umweltbewusstsein, Wetter› verlangt eine intakte Natur, sicheres Wetter, reine Luft, sauberes Wasser usw. ‹Abwechslung, Erlebnis, Gesellikeit› stellt hohe Anforderungen an Gastronomie, Unterhaltung, Animation usw. Die Erwartungen, die aus dem Reisemotiv ‹Bewegung, Sport› hervorgehen, zielen auf eine gut ausgebaute touristische Infrastruktur. Je nach der individuellen Motivation erhalten einzelne Angebotsbestandteile eine unterschiedliche Bedeutung.

Beschaffenheit des touristischen Angebotes

Das touristische Angebot weist einige Besonderheiten auf:

- Die Gäste fragen ein *Leistungsbündel* nach, das nach innen nur lose strukturiert ist und dessen Gesamtqualität durch viele Teilqualitäten zustande kommt.
- *Komplementäre Leistungserbringer* wie beispielsweise der gesamte Verkehrssektor sind sehr bedeutungsvoll.
- *Ursprüngliche Angebotsbestandteile* wie Wetter, Schneelage oder Gastfreundlichkeit, auf deren Qualität kaum Einfluss genommen werden kann, spielen eine entscheidende Rolle.
- Die *Qualitätsvorstellungen* der Gäste sind extrem unterschiedlich.
- *Räumliche und zeitliche Konzentrationen* treten häufig auf, Überfüllung und Unterbelegung wechseln sich periodisch ab.

Dazu kommen weitere Merkmale der touristischen Dienstleistung:

- *Abwesenheit:* Viele touristische Konsum-Entscheidungen werden getroffen, ohne die Qualität der bestellten oder gebuchten Leistung zu kennen.
- *Residenzprinzip:* Das Leistungserzeugnis kann nicht zum Nachfrager hingebracht werden; er muss für den Konsum den Raum selber überwinden.
- *Synchronität:* Leistungserstellung und Absatz resp. Konsum fallen zusammen; qualitative Mängel haben unmittelbare gravierende Folgen.
- *Immaterialität:* Ein bedeutender Teil der touristischen Leistungen sind abstrakte, d.h. immaterielle, nicht stoffliche, nicht lagerbare, weder sicht- noch greifbare Konsumgüter.

Elemente des touristischen Angebotes

In der Theorie wird das touristische Angebot vielfach unterteilt in das ursprüngliche Angebot, auch Potenzial genannt, und das abgeleitete Angebot oder die Ausstattung. Die primäre touristische Anziehungskraft geht meistens vom ursprünglichen Angebot aus: Das abgeleitete touristische Angebot steht also in einem «nachgeordneten Komplementärverhältnis» zum ursprünglichen Angebot. Demgegenüber kann zwischen den einzelnen Komponenten des abgeleiteten touristischen Angebotes von einem «gleichgeordneten Komplementärverhältnis» gesprochen werden: Der Gast nimmt nicht eine einzelne, isolierte Leistung in Anspruch, sondern ein ganzes Leistungsbündel.

Ursprüngliches Angebot

Unter dem ursprünglichen Angebot (Potenzial) verstehen wir all jene Faktoren, die in ihrem Wesensgehalt keinen direkten Bezug zum Tourismus haben, durch ihre Anziehungskraft auf Touristen jedoch zu touristischen Objekten werden. Das ursprüngliche Angebot lässt sich gliedern in die natürlichen Faktoren, in die allgemeinen Faktoren des menschlichen Seins und Tuns und in die allgemeine Infrastruktur.

Natürliche Faktoren: Zu den natürlichen Faktoren zählen wir die geographische Lage, das Klima, die Topographie, das Landschaftsbild, die Tier- und Pflanzenwelt usw. Diese natürlichen Faktoren lassen sich noch weiter untergliedern in die Höhenlage, die Exposition, die Hangneigung etc. Charakteristisches Merkmal natürlicher Angebotsbestandteile ist die Tatsache, dass sie vom Menschen meist nicht geschaffen, sondern nur erschlossen und erhalten werden können. Für die spärlichen Gestaltungsmöglichkeiten sind lange Zeiträume erforderlich. Die natürlichen Faktoren stellen gewissermassen das Kapital des Tourismus dar, das sich allerdings in einer wesentlichen Hinsicht vom Unternehmungskapital unterscheidet: «Wie oft muss man es noch wiederholen, dass in einem anderen Wirtschaftszweig Kapital verloren und zurückgewonnen werden kann, im Tourismus jedoch die Grundsubstanz – die Landschaft und das Land – einmal verloren, unwiederbringbar ist.» (Kämpfen 1972, S. 150).

Allgemeine Faktoren des menschlichen Seins und Tuns: Obwohl ‹Land und Leute kennenlernen› nicht zu den wichtigsten Ferienmotiven gehört, kommt den allgemeinen Faktoren des menschlichen Seins und Tuns eine grosse Bedeutung zu. Gastfreundschaft, Brauchtum, Sitten, Traditionen, Folklore, Mentalität, Sprache, Wirtschaft, alles, was unter Kultur verstanden werden kann, steigert die Attraktivität einer Feriendestination.

Allgemeine Infrastruktur: Unter der ‹allgemeinen Infrastruktur› oder ‹Basisinfrastruktur› verstehen wir die Grundausrüstung an gemeinwirtschaftlich benutzbaren Einrichtungen, welche die Entfaltung umfassender wirtschaftlicher und gesellschaftlicher Aktivitäten ermöglicht. Darunter fallen die allgemeinen Verkehrsanlagen (Transport), die Einrichtungen zur Versorgung (Wasser, Energie, Telekommunikation) und jene zur Entsorgung (Abwasser, Kehricht). Nicht zu vergessen sind weitere Einrichtungen des täglichen Bedarfs: Einkaufsmöglichkeiten, Bildung (Schulen), Gesundheitswesen und Ähnliches mehr.

In der Ökonomie wird in diesem Zusammenhang auch von *Öffentlichen Gütern (social goods)* gesprochen. Unter öffentlichen Gütern versteht man solche, bei denen man (ausser bei Clubgütern) keinen Nutzungsausschluss geltend machen kann und keine Nutzungsrivalität (ausser bei Allmende) gegeben ist (Vgl. nachfolgende Abbildung). Wenn diese Güter hergestellt werden, haben also alle einen Nutzen (Vgl. Mundt 2004, S. 117).

Abbildung 13:   **Private und öffentliche Güter**

Güterart		Ausschluss-prinzip anwendbar	Nutzungs-Rivalität	Beispiele
Privatgut		Ja	Ja	Flugbeförderung, Hotelbett
Öffentliche Güter	Clubgut	Ja	Nein	Strand, Skigebiet, Park, Golfplatz
	Allmende	Nein	Ja	(Gemeindewiese, Fischbestand der Weltmeere)
	Kollektivgut	Nein	Nein	Sicherheit, Beschilderung

Quelle: Mundt, J.: Tourismuspolitik, München/Wien 2004, S. 117

Abgeleitetes Angebot

Das abgeleitete Angebot umfasst all jene Objekte und Leistungen, die speziell im Hinblick auf die touristische Bedürfnisbefriedigung entstanden sind bzw. betrieben werden. Dabei denken wir vor allem an die touristische Infra- resp. Suprastruktur sowie an touristische Events.

Touristische Infrastruktur: Unter die touristische Infrastruktur fällt vorerst jene durch den Tourismus bedingte zusätzliche, d.h. über das Richtmass für Einheimische hinausgehende allgemeine Infrastruktur. Die jeweiligen Anlagen werden auf die für den Touristenstrom erforderliche Dimension ausgerichtet. Bedeutungsvoller ist für uns indessen die eigentliche touristische Infrastruktur im engeren Sinne. Darunter fallen beispielsweise die touristischen Spezialverkehrsmittel (Personenschiffe, Skilifte, Luftseilbahnen etc.), die Sport- und Unterhaltungseinrichtungen (Eisbahnen, Tennis- und Golfplätze, Wanderwege, Skipisten, Kursäle, Spielcasinos), die Kongress- und Tagungszentren sowie die Betreuungs- und Informationsdienste.

Touristische Suprastruktur: Zur touristischen Suprastruktur werden ganz allgemein sämtliche Beherbergungs- und Verpflegungsbetriebe (Hotels, Gasthöfe, Pensionen, Ferienhäuser, Campingplätze, Massenunterkünfte, Restaurants, Tea-Rooms, Bars usw.) gezählt. Diese Aussonderung des Beherbergungs- und Verpflegungssektors geht von der Überlegung aus, dass neben dem ursprünglichen Angebot die Unterkunfts- und Verpflegungsmöglichkeiten für den (Aufenthalts-)Touristen von ausschlaggebender Bedeutung sind. Mit dem Aufkommen des Tages- und Ausflugstourismus wurden allerdings gewisse Angebotselemente im Bereich der touristischen Infrastruktur im engeren Sinne (Wanderwege, touristische Spezialverkehrsmittel etc.) immer wichtiger.

Touristische Attraktionen: Der Wettbewerb unter Destinationen verläuft immer mehr über Attraktionspunkte. Sie stellen den eigentlichen Wert einer Destination dar und sind die Basis für eine Differenzierungsstrategie. Sie sind aber auch dafür verantwortlich, dass der Konzentrationsprozess auf die besten Standorte immer weitergeht.

Vanhove (2005, S. 10) unterteilt touristische Attraktionen wie folgt:
- Natürliche Attraktionen
- Kulturelle Attraktionen, Denkmäler
- Freizeit- und Themenparks
- Museen
- Nationalparks
- Events, Unterhaltungsattraktionen

Dabei ist man sich bewusst, dass jede Destination eine gewisse Anzahl von Attraktionen aufweist, dass sie aber erst dann eine genügende Anziehungskraft haben, wenn sie Alleinstellungsmerkmale aufweisen und zudem gekonnt in Szene gesetzt werden.

Touristische Events: Events gehören zu den am schnellsten wachsenden Teilsegmenten im touristischen Leistungsbündel. Der Event-Tourismus gewinnt an Bedeutung. Als Events werden besondere Veranstaltungen und Ereignisse verstanden, unter Event-Management die Planung und Gestaltung eines attraktiven Veranstaltungskalenders (Freyer 2000, S. 349). Umgekehrt kann behauptet werden, dass Events im Tourismus eine treibende Kraft darstellen, um die Zusammenarbeit in Destinationen zu fördern und um Infrastrukturen zu forcieren. Man spricht in diesem Zusammenhang auch von einer ‹Festivalisierung der Tourismuspolitik›.

Abbildung 14:   **Events im Überblick**

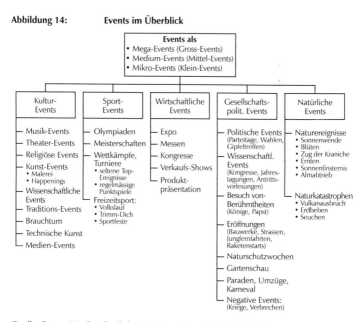

Quelle: Freyer, W.: Ganzheitlicher Tourismus, Dresden 2000, S. 352

Events können nach folgenden Kriterien unterschieden werden (in Klammern Minimalanforderungen an einen Mega-Event/Moesch 2008, S. 49), wobei es sich bei den ersten beiden Kriterien um Muss-, den restlichen um fakultative Kriterien handelt):
• Veranstaltungsbudget (mind. 50 Mio CHF)
• Mediale Attraktivität und Wirkung (TV-Rechte an mind. 30 Länder)
• Anzahl aktive Sportler (mind. 20 000)

- Anzahl Betreuer/Helfer/Funktionäre (mind. 5 000)
- Anzahl Zuschauer (mind. 100 000)

Ist von Gross- oder gar Mega-Events die Rede, so meint man jene grossen Veranstaltungen, die für die Gesellschaft, die Politik, die Wirtschaft und auch die Umwelt während einer gewissen Zeit eine dominante Rolle spielen. Weil diese ‹Formate› von Verbänden mit strikten Standards an wechselnde Durchführungsorte vergeben werden, spricht man in diesem Zusammenhang auch von einer ‹Footloose Industry›.

Zwischenruf
Olympische Winterspiele in der Schweiz:
Zwischen Euphorie und Skepsis

Einmal mehr befasst sich die Schweiz mit einer Kandidatur für Olympische Winterspiele. Genf ist schon seit Langem in den Startlöchern, der Bundesrat hat dem Sportminister grünes Licht gegeben und das Sportparlament hat Swiss Olympic ohne Gegenstimme den Auftrag erteilt, eine Kandidatur zu prüfen. Gemäss einer Umfrage des Link-Instituts im November 2010 befürworten nicht weniger als 59 Prozent der Schweizer Bevölkerung Olympische Winterspiele in der Schweiz. Nach jahrzehntelanger Erfahrung mit gescheiterten Kandidaturen versucht man einen erneuten Anlauf. Bereits wurde das Interesse abgeklärt und – wen wundert's – aus allen Ecken der Schweiz kamen positive Signale. Kein Medium, das nicht darüber berichtete. Da war von der «heilen olympischen Bergwelt», vom «grossen Wintersport-Know-how» oder von der «sowieso vorhandenen touristischen Infrastruktur» die Rede. Es scheint, dass die Schweiz nach der erfolgreich organisierten EURO 2008 Appetit auf Grösseres bekommen hat. Und dies, obwohl die EURO klar Grenzen aufzeigte, insbesondere bezüglich der basisdemokratischen Entscheidungsfindung, der Forderungen und Verhaltensmerkmale der starken internationalen Partner sowie der Bereitschaft für öffentliches Engagement. Aber immerhin sagten ein Jahr danach 79 Prozent der Schweizer Bevölkerung aus, dass man etwas Derartiges gelegentlich wieder in Betracht ziehen sollte.

Beim Studium des Manuals des Internationalen Olympischen Komitees (IOC) zur Bewerbung für Olympische Winterspiele muss trotz all der Euphorie Skepsis aufkommen. Beispielsweise steht im Kapitel «Unterkunft/Beherbergung», dass die Region der Host City 23'000 Zimmer zur Verfügung stellen muss, und das mitten in der Hochsaison. Erwünscht sind auch einige Grosshotels mit gegen 1000 Zimmern, weil so Logistik und Sicherheit vereinfacht werden. Zur Erinnerung: Das gesamte Bündnerland bietet zurzeit insgesamt 18'700 Hotelzimmer an, das Wallis 14'300. Oder das grösste Hotel der Schweiz, das Crown Plaza in Genf, hat gerade einmal 500 Zimmer, das zweitgrösste, das Crown Plaza in Zürich, 360.

Im Kapitel «Sportstätten» wird genau aufgelistet, wie viele Eisstadien mit welchen Ausstattungen und Zuschauerkapazitäten es braucht, wie die Skisprungschanzen gebaut sein müssen und wie das Stadion für den nordischen Skilauf respektive den Biathlon auszusehen hat. Für die olympischen Eissportarten Eishockey, Eiskunstlaufen, Curling, Eisschnelllauf oder Short Track sind mindestens fünf Hallen mit Platz für 8'000 bis 15'000 Zuschauer zur Verfügung zu stellen. Oder im Kapitel «Verkehr/Transportwesen» ist nachzulesen, dass die Distanz zwischen dem Olympischen Zentrum und den Wettkampfstätten nicht mehr als 100 Kilometer respektive eine Stunde Reisezeit betragen darf, für die IOC-Familie/Mitglieder separate Autobahnspuren und die Anreise der Wettkämpfer und Besucher möglichst über zwei verschiedene Routen zu planen seien. Und eine Mehrländer-Kandidatur, wie das in Genf zusammen mit Chamonix vorgesehen ist, wird von vornherein ausgeschlossen.

Wer die Vorgaben des IOC studiert, muss bezüglich der strukturellen Voraussetzungen nachdenklich werden. Eine Kandidatur hätte vorerst die Hürde eines Volksmehrs zu nehmen. Die Kandidatur Bern 2010 wurde nur gerade von einem Viertel der Stimmbürger befürwortet. Für ein Volksmehr braucht es einen überzeugenden Nachweis von nachhaltigen Wirkungen dieses Sportmegaevents. Nachhaltigkeit darf aber nicht nur auf Abfall, Pistenplanierungen oder Rodungen reduziert werden, sondern ist viel umfassender zu verstehen: Wenn schon Olympische Winterspiele ein drittes Mal in der Schweiz organisiert werden sollten, dann muss die Investitions- und Innovationskraft dieses Megaevents nachhaltig genutzt werden. Nur wenn mutige und zukunftsfähige Projekte bezüglich Verkehrs-, Sport- und Tourismusinfrastruktur, nur wenn mit viel Cleverness der richtige Mix zwischen zukunftsfähigen Kapazitäten und Provisorien gesucht wird, kann von Nachhaltigkeit gesprochen werden, also von einem möglichst hohen Langzeitnutzen bei gleichzeitiger Minimierung von Risiken und Schäden.

Mit einer Kandidatur eng verknüpft ist auch die Bereitschaft, für all die Investitionen das «Verfalldatum» einerseits und die rigorosen Vorgaben der Weltsportverbände zu respektieren. Und Vorsicht: Das Können und Wollen der Schweizerbevölkerung sind nur sekundär. Primär geht es bei einer Olympiakandidatur 2022 darum, am Tag X im Juli 2015 im IOC eine Mehrheit zu finden. Eine mögliche Kandidatur, die rund 30 Millionen Franken kosten würde, hätte sich voll und ganz diesem einen Ziel unterzuordnen, denn alles andere wäre die Mühe und das Enttäuschungsrisiko nicht wert. Um aber im Juli 2015 oder bei einem zweiten Anlauf 2019 erfolgreich zu sein, sind nicht nur Euphorie und seriöse Arbeit gefragt, sondern auch der Aufbau und die Pflege der globalisierten Netzwerke und die Antizipation multikultureller Gepflogenheiten in der Entscheidungsfindung…

Bereits im Frühjahr 2010 hat eine Arbeitsgruppe von Swiss Olympic die unterschiedlichen Vorgaben und Voraussetzungen reflektiert. Im Kern ging sie der Frage nach, ob und wenn ja, wie es gelingen könnte, Olympische Winterspiele in die Schweiz zu holen. Die Arbeitsgruppe kam zum Schluss, dass die Schweiz zwar zahlreiche Trümpfe, jedoch auch einige Handycaps hat. Sie hat geraten, nur dann zu kandidieren, wenn es vom IOC klare Signale gibt, dass sowohl die Vergabepolitik, wie auch einige zentrale Vorgaben geändert werden möchten, insbesondere bezüglich des bisherigen Gigantismus, der Standortgunst, der Forderungen nach Kompaktheit sowie der Bedeutung der Nachhaltigkeit. Nur bei einem klaren Kurswechsel – so das Fazit – mache es für die Schweiz Sinn, sich für Olympische Winterspiele zu bewerben.

(Hansruedi Müller, in: NZZ vom 4.1.2011, Nr. 2, S. 19)

Touristische Destinationen

Touristische Destinationen bieten das gesamte, von einzelnen Gäste-gruppen nachgefragte Leistungsbündel an. Sie sind damit die Kristalli-sationspunkte des touristischen Geschehens. Von ihnen geht die mass-gebliche Anziehungskraft auf die touristische Nachfrage aus.

Unter Destinationen sind strategische Geschäftseinheiten zu verstehen, die bezüglich Markt, Kundenattraktivität, Managebarkeit und Konkur-renzsituation eine relativ grosse Eigenständigkeit und eine relativ hohe Stabilität aufweisen. Sie können auch als ‹Leistungs-Markt-Bereiche› bezeichnet werden.

Destinationen können somit definiert werden als *strategische Geschäfts-einheiten* (resp. Geschäftsfelder) mit den folgenden Merkmalen:

- umfassende, aufeinander abgestimmte Angebots- und Dienstlei-stungsketten für ausgewählte Gästegruppen,
- mindestens eine profilierbare Marke,
- möglichst grosse Unabhängigkeit von traditionellen politischen Gren-zen und hohe Eigenständigkeit in der Ausgestaltung des Marketing-Mix,
- kompetentes und qualifiziertes Management,
- ausgebautes Qualitäts-Entwicklungs- und -Sicherungssystem,
- ausreichende Mittel für die Aufgabenerfüllung, insbesondere für die Markenprofilierung in den ausgewählten Märkten.

Abbildung 15:   **Dienstleistungskette im Tourismus**

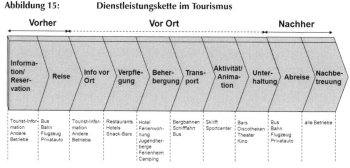

Quelle: FIF Universität Bern

Destinationen müssen ortsübergreifend koordiniert werden, weil die touristische Dienstleistungskette die örtlichen Grenzen sprengt. Die Bezeichnung ‹Destination› ist relativ neu. Früher ging man von unterschiedlichen Typen von Tourismusorten aus:

Kurorte

Spricht man von Erholungsorten, so denkt man vielfach zuerst an Kurorte. Sie weisen besondere natürliche Gegebenheiten (Quellen, Heilmittel, Klima) und entsprechende Einrichtungen für Kuren zur Heilung, Linderung oder Vorbeugung menschlicher Krankheiten auf. Je nach Art der vorhandenen natürlichen Heilfaktoren unterscheidet man zwischen Badekurorten (Bade- und Trinkkuren) und Klimakurorten (Schon- und Reizfaktoren).

In der Schweiz wird heute oft zu Unrecht jeder Erholungsort als Kurort bezeichnet. In anderen Ländern (z.B. in Deutschland oder Österreich) ist hingegen die Bezeichnung ‹Kurort› durch Vorschriften bezüglich Heil- und Reizfaktoren gesetzlich geschützt.

Ferienorte

Die Ferienorte dienen ebenfalls der Erhaltung der physischen und psychischen Kräfte des Menschen. Sie erfüllen dabei die Funktion der allgemeinen Therapie. Im Unterschied zu den Kurorten fehlt ihnen aber die weseswichtige Komponente der speziellen Therapie. Das Angebot ist auf die vielfältigen Bedürfnisse der Ferienerholung ausgerichtet: Nebst komfortablen Beherbergungs- und Verpflegungseinrichtungen dürfen vor allem die Anlagen zur Ausübung der zahlreichen Aktivitäten nicht fehlen, wobei die Wellness- und Schlechtwettereinrichtungen eine wichtige Rolle spielen. Trotz der erforderlichen technischen Einrichtungen sollten die natürlichen Erholungsräume, der spezifische Ortscharakter, die Ruhe und die frische Luft erhalten bleiben.

Naherholungsorte

Naherholungsorte weisen im Grunde genommen ähnliche Eigenschaften auf wie die Ferienerholungsorte. Insbesondere dienen sie auch der physischen und psychischen Regeneration des Menschen. Der Naherholungstourist stellt spezielle Anforderungen an die Dimensionierung der touristischen Infra- und Suprastruktur. Deshalb werden die entsprechenden Einrichtungen auf die kurzfristigen Spitzenbelastungen ausgerichtet, was zu schlechten durchschnittlichen Auslastungen führt. Naherholungsorte liegen in relativer Nähe von Agglomerationen. Oft ergeben sich jedoch Überschneidungen mit Ferienerholungsorten. Dies führt zu teilweise schwerwiegenden Problemen, da das Verhalten von Nah- und Ferienerholungstouristen nicht miteinander übereinstimmt. Die Entflechtung von Nah- und Ferienerholungsgebieten ist bis heute ein unerreichtes Ziel geblieben.

Verkehrsknotenpunkt

Mit der wachsenden Mobilität verlieren die traditionellen Verkehrsknotenpunkte dauernd an touristischer Wichtigkeit: Ein kurzfristiges Aufsuchen bestimmter Zentren ist heute vielfach ohne Übernachtung möglich. Demgegenüber zeigt das Beispiel des Kongress- und Ausstellungsbooms in Flughafennähe die moderne Bedeutung von Verkehrszentren.

Kulturzentren

Orte oder Länder mit herausragenden historischen und religiösen Bauwerken, Museen, Bildungsstätten usw. oder mit besonderen kulturellen Veranstaltungen (Musik-, Theater-, Film- oder Bildungswochen) vermögen wichtige Reiseströme auszulösen.

Verwaltungs- und Wirtschaftszentren

Typische Beispiele von Verwaltungszentren sind die Hauptstädte. Aus den Beziehungen des öffentlichen Verwaltungsapparates gegen aussen, der Zusammenkunft der Parlamentarier und den vielfältigen diplomatischen Kontakten ergibt sich oft eine beachtliche touristische Nachfrage. Die touristische Bedeutung der Wirtschaftszentren ist in den durch die allgemeine Arbeitsteilung hervorgerufenen regen Geschäftsbeziehungen begründet. Sie äussert sich vor allem in Form des Geschäfts- und Kongresstourismus sowie des Ausstellungs- und Messewesens. Man nennt diesen Tourismus heute MICE-Tourismus: Meetings, Incentives, Congresses, Exhibitions (resp. Events). Verwaltungs- und Wirtschaftszentren haben den grossen Vorteil, dass sich die Frequenzen gleichmässiger über das ganze Jahr verteilen und damit eine bessere Auslastung des Angebotes erreicht wird als bei Ferien- oder Naherholungsorten.

Resorts

Ein Resort ist ein Teil einer Tourismusdestination, der zentral gemanaget wird, relativ abgeschlossen ist und eine grosse Spanne von Einrichtungen und Dienstleistungen, speziell diejenigen für Entspannung und Gesundheit, Lernen und Aktivitäten bietet. Er besitzt alle nötigen Einrichtungen für einen Aufenthalt, um als selbstständiges Reiseziel zu gelten. Merkmale sind zudem:

• zentrales Management bezüglich der gesamten Leistungskette,
• von grossen Unternehmungen getragen,
• ausgeprägte Zielgruppenorientierung und professionelles Marketing,
• klare Marken-Strategie.

Destinations-Management

Betrachtet man einerseits die Komplexität des touristischen Angebotes, andererseits die Vielfalt des aus Gästesicht gewünschten Leistungsbündels, so stellt sich die Frage, wie Angebot und Nachfrage optimal aufeinander abgestimmt und koordiniert werden können. Mit der Theorie zum ‹Destinations-Management› (vgl. Bieger/Müller et al. 1997) wurde versucht, eine Antwort auf diese Frage zu geben. Gleichzeitig wurde angestrebt, die zur Verfügung stehenden Marketingmittel so einzusetzen, dass eine möglichst grosse Marktwirkung entsteht. Um diesen Ansprüchen gerecht zu werden, muss eine minimale Grösse erreicht werden. Je nach Grösse wird von nationalen, internationalen oder globalen Destinationen gesprochen. Sie werden oft auch als ‹national, international oder global players› bezeichnet. Im Alpenraum gelten folgende Grössenordnungen:

Abbildung 16:   **Unterschiedliche Ebenen von Destinationen und ihre Voraussetzungen**

Kategorie/ Ebene	Gäste-Märkte	Mindestgrösse	Budget resp. frei verfügbares Marketing-Budget (MB)
national Player	im eigenen Land	300000 LN	1 Mio. CHF, davon MB 0.5 Mio. CHF
international Player	im eigenen Land und im näheren Ausland	600000 LN	2 Mio. CHF, davon MB 1 Mio. CHF
global Player	im eigenen Land, Europa und Übersee	1 Mio. LN	4 Mio. CHF, davon MB 2 Mio. CHF

Quelle: in Anlehnung an Bieger/Müller: Neue touristische Strukturen in der Schweiz, Samedan/ Bern 1997

Die Aufgaben einer Destination sind sehr vielfältig und reichen von der Planung über die Angebotsgestaltung bis zur Marktbearbeitung. Auch die politische Interessenvertretung gehört zu den zentralen Aufgaben einer Destination. Die wichtigsten Aufgabenbereiche und Finanzierungsquellen sind die folgenden:

Aufgaben   *Finanzierungsquellen*

- Planung   Mitgliederbeiträge
  – Leitbild
  – Organisation
- Information   Öffentliche Hand
  – Gästeinformation
  – Information der Einheimischen
  – Medienbetreuung
- Angebotsgestaltung   Kur- oder Gästetaxe
  – Gästebetreuung
  – Gästeunterhaltung
  – Koordination touristische Infrastruktur

- Betrieb Freizeiteinrichtungen
- Qualitätsentwicklung und -sicherung
• Marketingkommunikation   Tourismusförderungsabgabe TFA
- Werbung/Markenmanagement
- Verkaufsförderung
- PR
- Marktforschung
• Verkauf   Vermittlungserträge
- Informations- und Reservationssystem
- E-Commerce
- Packages
• Interessenvertretung   Mitgliederbeiträge
- Lobbying und Tourismusverständnis bei politischen Behörden
- Mitarbeit in kooperativen Organisationen
- Tourismusbewusstsein in der Bevölkerung

Diese Aufstellung bringt zum Ausdruck, wie umfassend und komplex der Aufgabenbereich eines Destinations-Managers ist. Sie macht deutlich, dass nur in Destinationen von einer gewissen Grösse professionelle Arbeit in allen Bereichen geleistet werden kann.

Übergangsprozesse zur Bildung von Destinationen

Die unterschiedliche Ausgangslage, um marktfähige Destinationen zu schaffen, ruft nach angepassten Strategien. Im Prinzip können fünf Grundtypen von Übergangsprozessen unterschieden werden:

Alpha: Lokale Tourismusvereine, die bereits schon Destinationen darstellen
          Strategie: *Ausdehnung*

Beta: Lokale Tourismusvereine in der Umgebung von bestehenden, starken Destinationen
          Strategie: *Anschluss*

Gamma: Regionen mit einem Netz kleiner Tourismusvereine
          Strategie: *Zusammenschluss*

Delta: Einzelne Tourismusvereine und Betriebe in weitgehend nicht-touristischen Regionen
          Strategie: *Eingehen neigungstouristischer Kooperationen*

Epsilon: Eigenständige mittelgrosse Tourismusorte innerhalb starker
Destinationen
Strategien: Pflege der eigenständigen Marke in nahen – Zusammenschluss für Marktbearbeitung in fernen Zielmärkten

Die Bildung von Destinationsstrukturen hat sowohl von oben nach unten (top down) wie auch von unten nach oben (bottom up) zu erfolgen. Nach den theoretischen und politischen Vorgaben (top down) ist es an den lokalen Tourismusvereinen, sich (bottom up) zu Destinationen zusammenzuschliessen und die geeignete Kooperationsform zu finden.

Touristische Betriebe
Hauptsächlicher Stakeholder im Tourismus sind die touristischen Betriebe. Sie spielen je nach Typ des Tourismusortes oder der Reiseform eine unterschiedlich wichtige Rolle. Erst die Summe der unzähligen Klein-, Mittel- und Grossbetriebe macht den Tourismus zu einem starken Wirtschaftszweig.

Gliederungskriterien
Die Vielzahl touristischer Betriebe kann nach unterschiedlichen Kriterien gegliedert werden:
• nach den Abwicklungskomponenten des touristischen Vorganges, also nach Beratungs-, Transport- und Aufenthaltsbetrieben,
• nach Leistungsbereichen,
• nach Produktionsstufen,
• nach den touristischen Hauptbedürfnissen.
In diesem Abschnitt werden die touristischen Betriebe auf der Stufe ‹Produzent› näher beschrieben.

Hotellerie
Eigentlicher Vertreter des gastgewerblichen Beherbergungsbetriebes ist das Hotel. Üblicherweise wird ein Hotel definiert als ein Betrieb, der über eine minimale Einrichtung für den Empfang, den Aufenthalt, die Unterkunft und die Verpflegung seiner Gäste verfügt. Neben der Beherbergung umfasst sein Angebot mindestens einen Frühstückservice, in der Regel jedoch eine umfassende Restauration. Er zeichnet sich durch einen angemessenen Standard und Wohnkomfort und durch ent-

sprechende Dienstleistungen aus. Er weist (gemäss hotelleriesuisse) mindestens zehn Gästezimmer auf. Alle Zimmer haben fliessendes warmes Wasser.

Neben dem eigentlichen Hotel bestehen in der Praxis zahlreiche Abwandlungen davon, die recht unterschiedlich definiert werden und oft auch kombiniert als *hybride Hotels* auftreten:

Hotel Garni: Hotelbetrieb, der nur Beherbergung, Frühstück und Getränke, aber keine Pension anbietet. Angegliedert kann auch ein Restaurationsbetrieb sein.

Motel: Hotelbetrieb, der pro Zimmer einen Parkplatz zur Verfügung stellt und durch seine Verkehrslage, seine Bauart und seine Nebenbetriebe auf die Bedürfnisse des Autotourismus ausgerichtet ist.

Pension: Betrieb, der sich von den Hotels durch bescheideneren Komfort, einfachere Mahlzeiten und eingeschränkte Dienstleistungen unterscheidet.

Gasthaus (bzw. Gasthof): Betrieb in ländlicher Gegend, der den Bedürfnissen der Verpflegung dient und mindestens fünf Gästezimmer aufweist.

Abbildung 17:   **Touristische Beherbergungsformen**

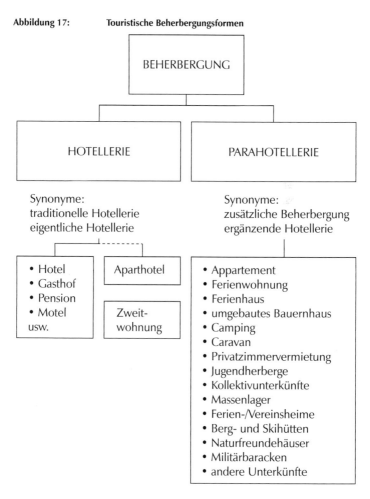

Quelle: Kaspar, C.: Die Fremdenverkehrslehre im Grundriss, 1991, S. 80

Aparthotels: Hotels mit einem Anteil an Zweitwohnungen (Aparthotels), also eine Mischform zwischen der Hotellerie und der Parahotellerie. Sie können definiert werden als Hotelbetrieb mit beschränkten Dienstleistungen und der Verpflichtung, die vorhandenen Wohnungen und Zimmer hotelmässig zu nutzen. Die einzelnen Wohnungen oder Zimmer mit Kochgelegenheit werden im Stockwerkeigentum verkauft. Der Eigentümer ist meistens verpflichtet, die Wohnung oder das Zimmer während bestimmten Zeiten des Jahres zur hotelmässigen Nutzung freizugeben.

Die Hoteldichte, also die Anzahl Hotelzimmer pro 100 Einwohner, betrug 2009 in Österreich 3,5, in der Schweiz 1,7 und in Deutschland 1,1. Diesbezüglicher Spitzenreiter in Europa ist Zypern mit 5,6 Hotelzimmer pro 100 Einwohner (ÖGZ 2011, S. 2).

Parahotellerie

Üblicherweise wird eine Zweiteilung in «Hotellerie» und «Parahotellerie» gemacht. Unter Parahotellerie werden all jene Beherbergungs- und Unterkunftsformen, die nicht der traditionellen Hotellerie zugeordnet werden, verstanden, mit andern Worten, die neben (para) der traditionellen Hotellerie bestehen.

Die Gründe für die geänderten Anforderungen an Beherbergungsmöglichkeiten punkto Dienstleistungen, Ausstattung und Bewirtschaftung sind vielfältig: z.B. Auflehnung gegenüber Essens- und Kleiderzwang, freiere und unabhängigere Gestaltung des Aufenthaltes oder Demokratisierung der Tourismusnachfrage (Teilnahme von Bevölkerungsschichten mit tieferem Einkommen).

Üblicherweise wird die Parahotellerie wie folgt gegliedert:

- Ferienwohnungen und Ferienhäuser: weitervermietete Wohneinheiten, Appartments,
- Agrotourimus: Ferien auf dem Bauernhof, Schlafen im Stroh,
- Bed and Breakfast: Privatzimmervermietung,
- Campingplätze: Zelte, Wohnwagen, Caravans,
- Jugend- und Backpackerherbergen,
- Gruppenunterkünfte: SAC-Hütten, Naturfreunde- und Vereinshäuser, Ferienlager, öffentliche Zivilschutzanlagen etc.

Gaststätten

Die Erscheinungsformen der Gaststätten resp. Verpflegungsbetriebe sind ebenfalls vielfältig. Dieser Formenreichtum ist wie bei der Beherbergung auf die sehr verschiedenen Anforderungen der heutigen Nachfrage zurückzuführen. Je nach Art der Innenausstattung, der Speisekarte oder des Getränkesortimentes wird z.B. unterschieden nach Restaurants, Tea-Rooms, Cafes, Bars, Wein- und Bierstuben, Imbiss- und Fastfoodecken, Kiosks, Festwirtschaften, Kantinen, Automatencenters usw. Für Verpflegungsbetriebe fehlen in der Schweiz national einheitliche Definitionen: Es ist Sache der Kantone, welche Unterscheidung sie vornehmen wollen, wie die verschiedenen Betriebe im einzelnen zu definieren sind, und welche gesetzlichen Anforderungen erfüllt sein müssen.

Hotellerie und Gaststätten zusammen werden auch als das Gastgewerbe bezeichnet.

Betriebe zur Erholung von Krankheiten

Unter die Betriebe zur Erholung von Krankheiten fallen die sogenannten Kur- und Heilbetriebe, also die Thermalbäder und Sanatorien. Betriebe zur Erholung von Krankheiten bieten neben den allgemeinen Erholungstherapien spezielle medizinische Behandlungen wie Balneo-, Hydro-, Thermo-, Inhalations- oder Bewegungstherapien an. Diese Kur- und Heilbetriebe haben mit den zunehmenden Zivilisationskrankheiten (Bewegungsarmut, Stresserscheinungen, unangepasste Essgewohnheiten usw.) und der Wellnessbewegung in den letzten Jahren eine Renaissance erfahren.

Tagungs- und Kongressbetriebe

Obwohl in den letzten Jahren viel vom Kongresstourismus gesprochen worden ist, hat sich bis heute keine einheitliche Definition durchgesetzt. Swiss Congress, in der alle Kongressorte zusammengeschlossen sind, schreibt nur einen Kongresssaal für mindestens 500 Personen vor. Zahlreiche Ferienorte und Städte versuchen in jüngster Zeit, sich im Tagungs- und Kongresswesen zu etablieren.

Unterhaltungsbetriebe

Vielfach verfügen bereits Hotels und ähnliche Beherbergungsbetriebe über spezifische Einrichtungen. Generell unterscheidet man etwa zwischen Theater, Kinos, Kursälen, Spielbanken, Dancings, Nightclubs, Bars und Ähnlichem. Eine genaue Begriffsbestimmung erübrigt sich, da einerseits der Begriff allein bereits aussagekräftig ist, andererseits in den meisten Ländern nur gerade Kursäle und Spielbanken national gesetzlich geregelt und entsprechend definiert sind.

Freizeitparks und Erlebniswelten

Freizeitparks und künstliche Erlebniswelten haben sich immer mehr als touristische Angebote etabliert. Opaschowski (2000) spricht von ‹Kathedralen des 21. Jahrhunderts›. Sie können wie folgt unterteilt werden:

- *Erlebnis- und Lernparks:* Themenparks, Welten, Brand Parks, Lunapark, Center Parks
- *Unterhaltungs- und Konsumparks:* Multiplex-Anlagen, Urban Entertainment Centers, Diskoparks, Shopping Malls
- *Wasserparks:* Erlebnis- und Spassbäder, Badelandschaften, Thermal-Erlebnisparks, Gesundheitszentren
- *Natur-, Kultur- und Erholungsparks:* Tierparks/Zoos, Safariparks, Botanische Gärten, Gartenschauen, Museen, Freiluftmuseen
- *Spiel- und Sportparks:* Sportzentren, Fitnessparks, Kinderspielparks

Die grössten Freizeitparks sind Magic Kingdom in Florida mit über 15 Mio. Eintritten, Disneyland Anaheim in California, Disneyland Tokio, Disney-Sea in Tokio oder Eurodisney in Paris mit rund 10 Mio. Eintritten. Der Europapark in Rust (D) wies 2010 in seinem 35. Eröffnungsjahr mit deutlich über 4 Mio. Eintritten einen neuen Besucherrekord auf. In der Schweiz gibt es rund 25 Freizeitparks mit mehr als 100000 Eintritten.

Touristische Spezialverkehrsmittel

Bei zahlreichen touristischen Aktivitäten wie Skifahren oder Wandern verlangt der Tourist nach Verkehrseinrichtungen. Die entsprechenden Spezialverkehrsmittel richten ihr Angebot (z.B. Fahrplan) weitgehend auf die touristische Nachfrage aus. Zu den touristischen Spezialverkehrsmitteln zählen wir insbesondere die Bergbahnen, also die Luftseilbahnen (Pendel- und Umlaufbetrieb), Ski- und Sessellifte, Drahtseilbahnen und Zahnradbahnen. Die Bergbahnen bekommen die leicht sinkende Wintersportnachfrage zu spüren: Wurden in der Schweiz im Winter 2000/01 noch über 30 Mio. Skifahrer-Tage gemessen, waren es 2006/07 nur noch knapp 25 Mio (Vanat 2008).

Betriebe zur sportlichen Betätigung

Nebst den touristischen Spezialverkehrsmitteln dienen der sportlichen Betätigung Betriebe wie Schwimm- und Spassbäder, Eisbahnen, Curlingplätze, Tennisplätze, Reitanlagen, Fitnesseinrichtungen, Kleinsportanlagen (Kegeln, Boccia), Wanderwege, Skipisten und viele andere mehr. Nicht vergessen werden dürfen Sportgeschäfte, Schneesportschulen, Bergführer, Adventure-Anbieter und Ähnliches. In den rund 180 Schneesportschulen arbeiten in der Schweiz in der Hochsaison bis zu 7 500 Instruktoren und es werden rund 2,1 Mio. Halbtagslektionen angeboten (STV 2010, S. 39).

Allgemeine Verkehrsbetriebe

Bevor überhaupt Leistungen touristischer Betriebe in Anspruch genommen werden können, müssen Touristen eine Ortsveränderung vornehmen. Den allgemeinen Verkehrsbetrieben (Eisenbahn, Flugzeuge, Strassenverkehrsmittel, Schiffe) kommt damit touristisch gesehen eine zentrale Bedeutung zu. Vielfach liegt jedoch ihre Hauptgeschäfts- bzw. Haupterwerbstätigkeit ausserhalb des touristischen Bereichs. Einige Zahlen zu den allgemeinen Verkehrsbetrieben in der Schweiz (STV 2007, S. 34f):

- *Strassennetz:* über 71 000 km, wovon rund 1750 km Nationalstrassen.
- *Flughäfen:* 7 grösste Flughäfen (Zürich, Genf, Basel, Lugano, Bern-Belp, Sion und Altenrhein) mit knapp 410 000 Flugbewegungen mit rund 37,4 Mio. Passagieren.
- *Eisenbahnnetz:* 5129 km Streckenlänge und 46 Eisenbahngesellschaften.
- *Reisepost:* 780 Linien und Streckennetz von 10 429 km der PostAuto Schweiz AG.
- *Schifffahrt:* 171 konzessionierte Personenschiffe auf 24 Seen und Flüssen transportieren rund 14,5 Mio. Passagiere.

Qualitäts-Management

Das hohe Preisniveau, der zunehmende Konkurrenzdruck infolge grosser Überkapazitäten und verlockender Tiefpreise von Mitbewerbern führten dazu, dass sich traditionelle Reisedestinationen nur über Qualität erfolgreich profilieren können. Die folgende Abbildung gibt einen Überblick über die Elemente, welche im Tourismus die Qualität ausmachen.

Abbildung 18:   **Qualitätsdimensionen im Tourismus**

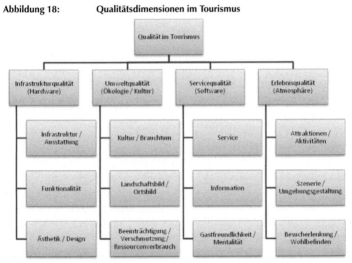

Quelle: FIF Universität Bern in Anlehnung an Romeiss-Stracke, F.: Service-Qualität im Tourismus, München 1995

Unter Qualitäts-Management (oder Total Quality Management TQM) ist ein ganzheitlicher Managementansatz zu verstehen, der vom Management ausgehend alle Geschäftsbereiche des Unternehmens resp. einer Destination umfasst. Dabei wird die Qualität in den Mittelpunkt der Entscheidungen gestellt und durch die Zufriedenheit von Kunden, Mitarbeitern und Gesellschaft ein langfristiger Unternehmenserfolg angestrebt.

Das Qualitäts-Management umfasst drei Aspekte:
* Den *Qualitätsanspruch,* also das selbst festgelegte hohe Leistungsniveau, um segmentspezifische Gäste- und Mitarbeiterwünsche zu befriedigen.
* Die *Qualitätsentwicklung,* also die aktive Pflege dieses Leistungsniveaus und dessen kontinuierliche Verbesserung.
* Die *Qualitätssicherung,* also die bewusste Überprüfung des Leistungsniveaus sowie die Reaktion bei einschleichenden Abweichungen.

Erlebnis-Setting
Nicht mehr nur Bedürfnisse stillen, sondern Erlebnisse schaffen sei ‹in›, denn der moderne Mensch handelt zunehmend erlebnisorientiert, stellte Gerhard Schulze in seinem Standardwerk ‹Die Erlebnisgesellschaft› (1993) fest. Viele Untersuchungen belegen, dass der Erlebniswert eines Produktes, eines Angebotes oder einer Dienstleistung immer stärker in den Mittelpunkt gestellt wird. Erlebnisse sind
* bildhafte «innere» Ereignisse (Emotionen),
* die subjektiv und situativ wahrgenommen und
* eher passiv erduldet als aktiv hergestellt werden,
* zu gesteigertem Erleben führen und den Selbstwert heben,
* jedoch noch keine Erfahrungen sind: Erfahrung gewinnt man durch wiederholte, reflektierte und damit verarbeitete Erlebnisse (Hartmann 1996, S. 12).

Erlebnisse setzen also Ereignisse voraus, die aber erst durch Erkenntnisse zur persönlichen Erfahrung werden. Erlebnisse von Dienstleistungsunternehmungen können also kaum direkt hergestellt werden. Hingegen können Ereignisse wie Events oder besonders günstige äussere Situationen geschaffen werden, die individuelle Erlebnisse begünstigen. Erlebnis-Inszenierung ist nur dann richtig verstanden, wenn versucht wird, eine besonders günstige Atmosphäre zu schaffen, die mit allen Sinnen wahrgenommen werden kann. In der Erlebnis-Inszenierung geht es um ein Gesamtkunstwerk von Materialien, Düften, Farben, Klängen, Formen und Ästhetik. Und vor allem um die Stimmigkeit der gesamten Dienstleistungskette. Am Anfang einer Inszenierung steht immer ein Thema, das mit Hilfe von fünf Instrumenten möglichst kohärent umgesetzt wird:

- Attraktionen und Aktivitäten,
- Gestaltung der Umgebung und der Szenerie,
- Gästeorientierung und Besucherlenkung,
- Sicherstellung des Wohlbefindens (Wohlfühlmanagement),
- Möglichkeiten, dass Gäste sich selber in Szene setzen und damit zu Attraktionen für andere werden können.

Abbildung 19:   **Das Erlebnis-Setting im Überblick**

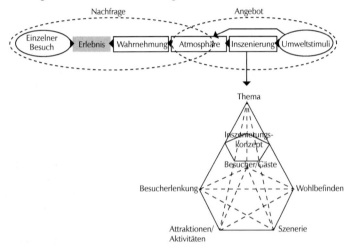

Quelle: Müller/Scheurer: Tourismusdestination als Erlebniswelt, Bern 2007, S. 16

Zwischenruf
Erlebnisse! Erlebnisse?
Es scheint, dass sich die Freizeitgesellschaft von gestern zu einer eigentlichen Erlebnisgesellschaft entwickelt hat. Der homo ludens spiele mit zunehmender Verbissenheit, stellt Gerhard Schulze in seinem Buch «Die Erlebnisgesellschaft» fest. Und Horst W. Opaschowski schrieb einmal: «Erst kam die Fresswelle, dann die Konsumwelle und dann der Luxus. Und nun fragt sich der übersättigte Mensch, was er jetzt noch mit sich anfangen soll.» Offensichtlich ist, dass der Gast

von heute zunehmend erlebnisorientiert handelt.

Doch was sind Erlebnisse? Die Psychologie umschreibt sie als selbstbezügliche, «innere» Ereignisse, die bildhaft wahrgenommen werden und vorerst nur subjektiv eine Bedeutung haben. Sie sind intensiviertes Erleben und damit selbstwertsteigernd, denn wer viele Erlebnisse hat, lebt kein banales Leben. Sie sind aber auch unwillkürlich und werden eher passiv erduldet als aktiv hergestellt. Und Vorsicht: Erlebnisse sind noch keine Erfahrungen. Erfahrung gewinnt man durch wiederholte, reflektierte und damit verarbeitete Erlebnisse. Also: Erlebnisse setzen Ereignisse voraus, die aber erst durch Erkenntnisse zur persönlichen Erfahrung werden. Die vier «E» der Erlebnisgesellschaft «Ereignis Erlebnis Erkenntnis Erfahrung» deuten darauf hin, dass Erlebnisse von Dienstleistungsbetrieben kaum hergestellt werden können. Hingegen kann eine besonders günstige Atmosphäre geschaffen werden, die Erlebnisse begünstigt. Zudem können über die geschickte Aufbereitung von Informationen Erkenntnisse gewonnen werden, die zu persönlichen Erfahrungen führen.

Mit Hilfe der Theorie des Erlebnis-Settings wird versucht aufzuzeigen, was es zur Begünstigung der Erlebnisqualität braucht: Ein Thema, eine klare Zielgruppenwahl, das Ansprechen aller Sinne durch ein Gesamtkunstwerk von Materialien, Düften, Farben, Musik und Ästhetik, die Stimmigkeit der gesamten Dienstleistungskette und die Kreation von eigentlichen Szenen.

Bei solchen Überlegungen wird offensichtlich, dass am Anfang jedes Erlebnisprojektes hohe Unsicherheit und am Ende ein nicht zu unterschätzendes Enttäuschungsrisiko steht. Gefordert sind Innovationsfähigkeit und Risikobereitschaft.

(Hansruedi Müller, in Hotel- und Tourismus-Revue)

Einheimische Bevölkerung

Zum touristischen Angebot gehört im weitesten Sinne auch die einheimische Bevölkerung. Erst durch sie erhalten die Tourismusorte und die touristischen Betriebe Leben. Die Wichtigkeit der «Allgemeinen Faktoren des menschlichen Seins und Tuns» wurde schon angedeutet.

Tourismusbewusstsein

Wo sich der Tourismus entwickelt, ist die einheimische Bevölkerung beteiligt und gleichzeitig betroffen. Beteiligt ist sie insbesondere an der allgemeinen Wohlstandssteigerung über grössere Einkommen und infrastrukturelle Verbesserungen. Betroffen wird sie von der Einschränkung in ihrer Selbstbestimmung, von den Preissteigerungen, vom Heimatverlust, von der Hektik und von den Beeinträchtigungen der Umwelt. Daraus ergibt sich eine zwiespältige Situation, die Jeanne Hersch einmal wie folgt charakterisierte: «Die Einheimischen machen alles, dass die Touristen kommen, doch eigentlich möchten sie alles tun, um sie am Kommen zu hindern.»

In Tourismuskreisen ist oft von einem sinkenden Tourismusbewusstsein (resp. Tourismusgesinnung) die Rede. Es scheint, dass immer mehr Menschen dem Tourismus gegenüber eine kritische Haltung einnehmen und dass sich eine Art Tourismusverdrossenheit in der einheimischen Bevölkerung breit macht. Dabei ist zwischen Tourismusbewusstsein und Tourismusverständnis zu unterscheiden:

- Mit *Tourismusbewusstsein/-gesinnung* wird eine ganzheitliche Wahrnehmung des Tourismus mit all seinen Vor- und Nachteilen zum Ausdruck gebracht. Es wird nach dem Stellenwert des Tourismus in unserem Leben und nach den Werten des Lebens im Tourismus gefragt.
- Demgegenüber konzentriert sich das *Tourismusverständnis* auf die wirtschaftlichen Zusammenhänge des Tourismus. Das Tourismusverständnis reflektiert das Wohlwollen (resp. Missfallen), das diesem Wirtschaftszweig entgegengebracht wird. Mit der Stärkung des Tourismusverständnisses wird das legitime Ziel verfolgt, für den Tourismus eine positive Stimmung zu schaffen.

Eine Studie der Universität Bern (FIF 1995, S. 57) kommt zum Schluss, dass das Tourismusbewusstsein in der bereisten Bevölkerung im Sinne einer ganzheitlichen Wahrnehmung des Tourismus recht gut ausgeprägt ist. Der Nutzen einer touristischen Entwicklung wird von einem grossen Teil der einheimischen Bevölkerung anerkannt und gewürdigt. Die Gefahren werden – wenn auch unterschiedlich – recht differenziert wahrgenommen. Der Anteil jener, die die Weiterentwicklung des Tourismus ablehnen, ist sehr klein. Dennoch ist das Wohlwollen, das diesem Wirtschaftszweig entgegengebracht wird, bescheiden.

Tourismus und kulturelle Identität der Einheimischen

Zielsetzung der touristischen Entwicklung muss die Verbesserung der Lebensqualität sein. Lebensqualität setzt sich vereinfacht zusammen aus wirtschaftlichem Wohlstand und subjektivem Wohlbefinden. Voraussetzung für subjektives Wohlbefinden ist eine starke Identität. Die kulturelle Identität gilt heute vielfach als gestört. Eine Stärkung der kulturellen Identität ist ein wichtiger Beitrag zur Verbesserung der Lebensqualität jedes Einzelnen und der Gesellschaft.

Die persönliche Identität ist Ausdruck eines fortwährenden Pendelns zwischen Anpassung und Widerstand. Anpassung steht für das menschliche Grundbedürfnis nach Sicherheit und Zugehörigkeit, Widerstand für die Abgrenzung und Eigenständigkeit des Individuums. Greverus (1978, S. 229) bezeichnet sie mit ‹Sicherheit› und ‹Aktivität›.

Diese Voraussetzungen der persönlichen Identität gelten auch für die kulturelle Identität, müssen jedoch durch eine dritte Dimension erweitert werden: den kulturellen Pluralismus. Will der Tourismus zur Verbesserung der Lebensqualität beitragen, so muss versucht werden, die kulturelle Identität über die drei Kern-Aspekte Sicherheit, Aktivität und Pluralismus zu stärken (Vgl. Thiem 1994).

2.6   Kosten und Nutzen der touristischen Entwicklung

Viele Publikationen malen schwarz und stellen den Tourismus als ‹Landschaftsfresser› (Krippendorf 1975), als Umweltsünder oder als Kulturgefährder dar. Andere färben rosa und sehen den Tourismus als Rettungsanker und Heilsbringer. Was gilt nun? Das wohlbekannte Bild von der Waage hilft weiter. Auf der einen Seite ist die Waagschale gefüllt mit den Nutzen oder den Früchten der touristischen Entwicklung. Die Gewichtssteine auf der anderen Seite verstehen sich als Belastungen oder Kosten. Aus dieser Gegenüberstellung lassen sich fünf Schlüsse ziehen:

**1.   Das Verhältnis aller Kosten und Nutzen ist wichtig,
      nicht der einzelne Vor- oder Nachteil**

Ein Blick auf die Waage mit den verschiedenen Kategorien der anfallenden Nutzen und Kosten genügt: Der Tourismus ist weder so eindeutig positiv, wie es seine unkritischen Befürworter haben wollen, noch so eindeutig negativ, wie ihn seine Gegner darstellen. Er ist nicht ‹entweder/oder›, sondern immer ‹sowohl/als auch›. Die jeweilige Wirklichkeit ist stets eine bestimmte Kombination von Kosten und Nutzen. Entscheidend ist, ob das Verhältnis aller Kosten und Nutzen günstig ist, ob der Saldo positiv ausfällt.

Abbildung 20:   **Nutzen und Gefahren des Tourismus auf der Waagschale**

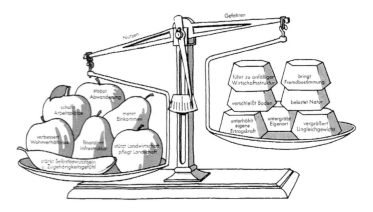

Quelle: Krippendorf/Müller: Alpsegen Alptraum – Für eine Tourismus-Entwicklung im Einklang mit Mensch und Natur, Bern 1986, S. 48

2. Die gesellschaftlichen und ökologischen Kosten und Gefahren sind der Preis für den wirtschaftlichen Nutzen

Auf der Nutzenseite liegen vor allem wirtschaftliche Vorteile, auf der Kostenseite vor allem Nachteile für die Gesellschaft und die Umwelt. Hier erscheinen insbesondere auch all die ‹sozialen Kosten› (oder Externalitäten), die normalerweise in keiner Buchhaltung zu finden sind. Zur Debatte steht die Höhe des Preises, den man für den wirtschaftlichen Forschritt zu bezahlen gewillt ist. Für viele ist dieser Preis schon heute zu hoch. Doch es gilt auch die Frage zu stellen, ob nicht die Einbusse an Selbstbestimmung, an kultureller Identität und an Umweltqualität durch die Aufrechterhaltung einer zwar veränderten, dafür aber nicht zusammenbrechenden einheimischen Wirtschaft und Gesellschaft aufgewogen wird.

3. Das Gleichgewicht ist äusserst empfindlich

Jede Veränderung, so unbedeutend sie auch erscheinen mag, verschiebt die Gewichte und schafft einen neuen Zustand. Wie beim Seiltänzer die Balance, muss das gewünschte Gleichgewicht immer wieder neu gesucht und bestimmt werden. Dies ist immer dann besonders anspruchsvoll, wenn man sich in der Nähe der Grenzen der Belastbarkeit befindet und eine zusätzliche Belastung schnell zur Überbelastung werden kann. Kommt dazu, dass viele Schäden ‹irreversibel› sind.

4. Die Verhältnisse sind zwar von Ort zu Ort verschieden...

Die verschiedenen Kosten und Nutzen der touristischen Entwicklung und ihr Saldo hängen stark von den jeweiligen örtlichen Gegebenheiten ab. Die Unterschiede bezüglich Landschaft und Klima, Gebiets- und Siedlungsgrösse, Infrastruktur und touristischer Suprastruktur, Verkehrslage und Erfahrungen mit dem Tourismus, Tempo der touristischen Entwicklung und Anpassungsvermögen der einheimischen Bevölkerung usw. sind gross. Und dennoch ist nicht jede Gemeinde, jede Feriendestination ein ‹Sonderfall›. Es gibt viele gemeinsame Erfahrungen und generalisierbare Erkenntnisse.

5. ...aber allgemein ist ein quantitatives Tourismuswachstum mit abnehmenden Erträgen und zunehmenden Problemen vorherrschend

Es gibt so etwas wie einen ‹Trampelpfad der touristischen Entwicklung›, auf dem fast alle Tourismusgebiete – wissentlich oder unwissentlich – unbeirrt voranschreiten. Zwar wird gesagt, man wolle das Bestehende konsolidieren und die Qualität verbessern. In Tat und Wahrheit gehen der Bauboom und die Expansion der Angebotskapazitäten in fast allen Tourismusgebieten weiter. Eine quantitative Entwicklung mit abnehmenden volkswirtschaftlichen Grenzerträgen bei zunehmenden gesellschaftlichen und ökologischen Problemen. Der Zusammenhang zwischen den Investitionsanstrengungen und den resultierenden Erträgen ist in der Volkswirtschaftslehre als «Gesetz der abnehmenden Grenzerträge» bekannt. Es schlägt sich in einer typischen Entwicklungskurve nieder (vgl. nachfolgende Abbildung): In der Aufschwungphase ist der Ertragszuwachs für jede zusätzliche Angebotseinheit gross. Jedes neue Bett, jede Bergbahn, jede weitere Infrastruktur oder Dienstleistung bringen entsprechend mehr Einnahmen. Im Verlaufe der Zeit wird ein Punkt erreicht, wo mit jeder zusätzlichen Investition der Ertrag zwar noch immer anwächst, aber mit kleiner werdenden Raten. Die Kurve flacht immer stärker ab und erreicht die Reife- oder Sättigungsphase. Erreicht sie den Kulminationspunkt, beginnt die Abstiegsphase. Investitionen lohnen sich wegen der ‹Übersättigung› nicht mehr. Dieses Kurvenbild entspricht auch der Theorie des ‹Produkt-Lebenszyklus›.

Abbildung 21:   **Abnehmender Grenzertrag – Produkt-Lebenszyklus**

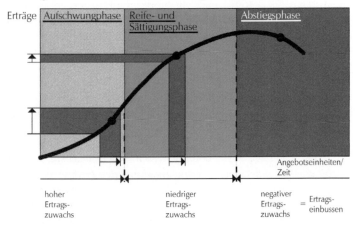

Quelle: Krippendorf/Müller: Alpsegen Alptraum – Für eine Tourismus-Entwicklung im Einklang mit Mensch und Natur, Bern 1986, S. 52

3 Tourismuspolitik – eine Querschnittsaufgabe mit Legitimationsdruck

3.1 Legitimation der Tourismuspolitik

Begriffe

Krapf (1961, S. 8) definierte einst Tourismuspolitik als «Handeln organisierter Gemeinschaften im Fremdenverkehr zur Förderung seiner Ertragsfähigkeit und seiner ausserwirtschaftlichen Ziele». Heute wird Tourismuspolitik viel weiter gefasst.

Aufgrund politikwissenschaftlicher Ansätze kann Tourismuspolitik kurz und bündig als «Auseinandersetzung über öffentliche Angelegenheiten» betrachtet werden. «Sie besteht aus der Sicht der Akteure des Tourismus darin, staatlichen Einfluss und Macht für gewisse Ziele einzelner Verbände und Branchen zu gewinnen. Aus staatlicher Sicht geht es um die Sicherung von öffentlichen Interessen, welche im Bereich des Tourismus auf dem Spiel stehen» (Keller 1994). Dabei folge die Tourismuspolitik in einer Demokratie der Logik des Konsenses, meint Keller (2005, S. 20).

Es kann zwischen direkter und indirekter Tourismuspolitik unterschieden werden:

- *Direkte Tourismuspolitik* oder Tourismuspolitik im engeren Sinn umfasst alle tourismusspezifischen Aktionen, die hauptsächlich oder ausschliesslich aus dem Tourismus heraus begründet werden.
- *Indirekte Tourismuspolitik* oder Tourismuspolitik im weiteren Sinne umfasst all jene Massnahmen, die nicht in erster Linie den Tourismus zum Gegenstand haben, diesen aber – über blosse Einzelprobleme hinausgehend – als Wirtschaftszweig massgeblich tangieren. Indirekte Tourismuspolitik kann somit Konjunkturpolitik, Währungspolitik, Regionalpolitik, Verkehrspolitik, Bodenpolitik, Umweltpolitik, Kulturpolitik und anderes mehr sein.

Legitimation der Tourismuspolitik

Verschiedene Kreise bedauern, dass immer mehr Lebensbereiche Gegenstand der Politik werden. Entpolitisierung, Liberalisierung resp. Deregulierung heissen die Zauberworte. Dennoch gibt es verschiedene Gründe, die eine Tourismuspolitik legitimieren:

- *Marktversagen:* Die an individuellen, kurzfristigen Gewinnen orientierte Tourismuswirtschaft macht öko-soziale Rahmenbedingungen erforderlich, die sich am Gemeinwohl orientieren. Die Gefahr von Marktversagen bezüglich öffentlicher Güter, Externalitäten und monopolistischen Strukturen soll gehemmt werden (Vgl. dazu auch Greuter 2000, S. 133).
- *Öffentliches Interesse:* Der Tourismus übernimmt wichtige gesellschaftspolitische Funktionen (z.B. Beitrag zur kulturellen Identität) und kommerzialisiert öffentliche Güter (z.B. Kultur, Umwelt, Sicherheit) (Vgl. dazu Abb. 13).
- *Regionalpolitische Bedeutung:* Tourismus übernimmt in strukturschwachen Regionen die Funktion einer Leitindustrie und hilft, unerwünschte wirtschaftliche Disparitäten abzubauen.
- *Transaktionskosten:* Tourismus als Wirtschaftssektor, der sich über die Ausgaben der Nachfrager definiert, benötigt einen hohen Koordinationsaufwand des entsprechenden Dienstleistungsbündels. Bei der Ausschöpfung der potenziellen touristischen Nachfrage entstehen hohe Transaktionskosten.
- *Gefangenendilemma:* Beinahe alle Staaten oder Länder fördern den Tourismus in erheblichem Ausmass. Ein Abseitsstehen würde dem Tourismus im eigenen Land resp. in der einen Region Konkurrenznachteile bringen.

Diese Aufzählung zeigt, dass es wichtige Gründe gibt, eine eigenständige Tourismuspolitik zu fordern. Dabei ist zu beachten, dass sie

- als ‹Public-Private-Partnership› (PPP) in Form einer strategischen Umsetzungsplattform aufgebaut ist,
- eine möglichst wirksame Kombination von ‹bottom-up›- und ‹top-down›-Initiativen durchsetzt,
- sich auf strategisch notwendige Anreize für privatwirtschaftliche Initiativen konzentriert,
- Effizienzprinzipien verfolgt, also marktnahe Massnahmen gefördert werden, und sich an Ergebnissen orientiert (Keller 1999).

Die Tourismuspolitik hat zwei unterschiedliche Ausrichtungen: Indem sie die Rahmenbedingungen zu beeinflussen sucht, ist sie Querschnittspolitik. Unter Bedingungen globaler und unvollkommener Konkurrenz genügt diese tourismusübergreifende Querschnittspolitik nicht mehr. Es

braucht eine eigenständige touristische Sektoralpolitik, welche bestehende Marktversagen beseitigt.

Sektoralpolitik im Bereich des Tourismus ist betriebs- und branchen-
übergreifend. Sie hat innerhalb des Tourismussektors ebenfalls eine
Querschnittsfunktion. Damit hat Tourismuspolitik einen doppelten
Querschnittscharakter: nach aussen im Bereich der Rahmenbedingungen, nach innen im marktnahen Bereich des Tourismus.

3.2 Entwicklung der Tourismuspolitik

Am Beispiel der Schweiz lassen sich sechs Entwicklungsperioden der
Tourismuspolitik unterscheiden:

Periode des touristischen Laisser-faire
Zeitpunkt: Bis in die 2. Hälfte des 19. Jahrhunderts
            völliges Fehlen tourismuspolitischer Ansätze

Periode der Organisation des Tourismus
Zeitpunkt: Ende des 19. Jahrhunderts
Ursache: starkes Anwachsen der Hotelkapazitäten
Folgen   (Beispiele Schweiz):
            1857 Gründung 1. Swiss Alpine Club in England
            1861 1. Gruppenreise von Thomas Cook in die Schweiz
            1882 Gründung Schweizer Hotelier-Verein
            1886 Gründung Union Helvetia (Gewerkschaft)
            1889 Zusammenschluss Privatbahn-Organisationen
            1891 Zusammenschluss Schweiz. Wirteverband
            1893 Zusammenschluss der Verkehrsvereine
            1900 Zusammenschluss der Kursaalgesellschaften
            1924 Aufhebung des Autofahrverbots im Kt. Graubünden

Periode des Interventionismus
Zeitpunkt: ab Anfang 20. Jahrhundert
Ursache: 1. Weltkrieg
Folgen   (Beispiele Hotellerie (Hotelbauverbot, Stundung von
            Zinsen) Schweiz):

1915   Verordnung des Bundesrates betreffend Schutz
       der Hotellerie (Hotelbauverbot, Stundung von
       Zinsen)
1917   Gründung der nationalen Vereinigung Schweizeri-
       sche Zentralstelle für Reiseverkehr (heute Schweiz
       Tourismus)
1921   Konstituierung der Schweiz. Hotel-Treuhand-
       Gesellschaft (heute Schweiz. Gesellschaft für
       Hotelkredit SGH)

**Periode des Abbaus staatlicher Zwangseingriffe
und verstärkter Selbsthilfe**
Zeitpunkt: ab 50er-Jahre
Ursache: Aufschwung nach dem 2. Weltkrieg
Folgen   (Beispiele Schweiz):
            1952 Aufhebung des Hotelbauverbotes sowie der
            Sonderbauvorschriften bei Sanierungen
            1954 Reprivatisierung des Hotelkredits und Ausbau des
            Bürgschaftsgedankens

Periode gezielter ordnungs- und strukturpolitischer Eingriffe
Zeitpunkt: ab Mitte 60er-Jahre
Ursache: verstärkte internationale Konkurrenz und Sättigungser-
            scheinungen
Folgen   (Beispiele Schweiz):
            1964   1. Tourismusförderungsgesetz im Kanton Bern
            1975   (ab) Regionale Entwicklungskonzepte im Berg-
                   gebiet
            1979   1. Schweizerisches Tourismuskonzept
            1990   Regionale Entwicklungskonzepte 2. Generation
            1992   Schlechtwetterentschädigung für die Tourismus-
                   branche
            1994   Gesetz über Pauschalreisen

Periode der wachstumsorientierten Standortpolitik
Zeitpunkt: ab 90er-Jahre

Ursache:	Konjunktureinbruch
Folgen	(Beispiele Schweiz):

1992	Neuausrichtung Beschneiungsanlagen
1993	Aufhebung des Spielbankenverbotes
1995	Neustrukturierung Schweiz Tourismus
1996	Mehrwertsteuer-Sondersatz für die Beherbergung
1996	Bericht über die Tourismuspolitik des Bundes
1997	Förderung von Innovation und Zusammenarbeit im Tourismus
2002	Tourismusbericht des Bundes: Verbesserung von Struktur und Qualität des Angebotes
2008	Neue Regionalpolitik NRP
2010	Wachstumsstrategie für den Tourismusstandort Schweiz

Während der erste Tourismusbericht des Bundes 1996 den Hauptak-zent auf die Verbesserung der Standortattraktivität mit den Schwer-punkten ‹Kooperation› und ‹Innovation› legte, verschob er sich im 2. tourismuspolitischen Bericht 2002 nur leicht in Richtung Verbesserung von Struktur und Qualität des Angebotes (SECO 2002). Zum Thema ‹Möglichkeiten und Grenzen der Tourismuspolitik› ist im ersten Bericht nachzulesen: (SECO 1996, S. 33)

• Die Verantwortung für das operationelle touristische Geschäft ist in erster Linie von den Unternehmen und den führenden Kräften in den zahlreichen touristischen Organisationen und Verbänden zu tragen.

• Der Stellenwert einer eigenständigen Tourismuspolitik ist damit zu begründen, dass Staaten mit einer aktiven Tourismuspolitik im inter-nationalen Standortwettbewerb die besten Ergebnisse erzielen. Die Schweiz hat auf dem verzerrten Tourismusmarkt einen spürbaren Wettbewerbsnachteil, da erst Ansätze zu einer konsequenten Touris-musförderung bestehen.

• Der Staat ist in allen Tourismusländern der unerlässliche Katalysator für die überbetrieblichen Initiativen der touristischen Leistungsträger und Organisationen. Er ist auch Garant der touristischen Standortat-traktivität.

Heute wird die Tourismuspolitik ganzheitlich und als Gemeinschafts-
aufgabe verstanden. Freyer (2009, S. 373) hat diesen ganzheitlichen
Ansatz mit einem modularen Modell aufgezeigt:

Abbildung 22:   **Ganzheitliches oder modulares Modell der Tourismuspolitik**

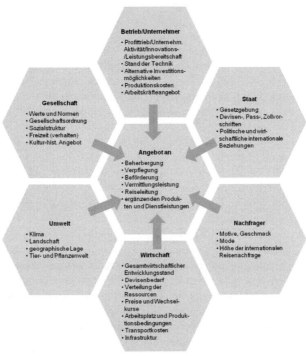

Quelle: Freyer, W.: Tourismus – Einführung in die Fremdenverkehrsökonomie, München
2009, S. 373

3.3   Internationale Tourismuspolitik

Weltweit beschäftigen sich heute gegen 200 internationale Organisationen mit Tourismus, viele davon allerdings meist im Rahmen umfas-
senderer Aufgaben. Im Folgenden unterscheiden wir zwischen gouver-
nementalen (staatlichen) und nicht-gouvernementalen Organisationen.

Gouvernementale Organisationen

World Tourism Organisation (UNWTO)

Die UNWTO befasst sich seit 1976 ausschliesslich und koordinierend mit Tourismusfragen. Der WTO (Sitz in Madrid) gehören 154 Staaten und über 400 private Mitglieder an. Sie ist Mitglied des Systems der UNO und wird von der Staatengemeinschaft als federführende intergouvernementale Organisation des Tourismus anerkannt. Enge Beziehungen bestehen insbesondere zum Entwicklungsprogramm der Vereinten Nationen (UNDP): Die WTO ist «ausführende Agentur» des UNDP für touristische Entwicklungsprojekte. Zunehmend werden auch Beziehungen mit Spezialorganisationen der UNO eingegangen, die in den Bereichen Gesellschaft (z.B. UNESCO), Umwelt (z.B. UNEP) oder Wirtschaft (z.B. ILO) für den Tourismus Rahmenbedingungen setzen. Zudem ist die WTO mit zahlreichen privaten internationalen Organisationen verbunden. Hauptaufgaben der UNWTO sind:

- Erarbeitung von Grundlagen (Studien und Statistiken)
- Konsensfindung (Tagungen und Seminare)
- Projektarbeiten (Experteneinsätze, Projektberatung, Schulung)

Tourismuskomitee der OECD

Im Tourismuskomitee der OECD (Sitz in Paris) sind 33 westliche Industrieländer vertreten. Diese Länder vereinen rund 70 Prozent des touristischen Weltmarktes auf sich und sind allesamt auch in der UNWTO vertreten. Das Tourismuskomitee bemühte sich bisher insbesondere um:

- Abbau der Grenzformalitäten
- Erleichterung des internationalen Motorfahrzeugverkehrs
- Erleichterung der internationalen Werbung
- Abschaffung der Devisenrestriktionen
- Erarbeitung von Statistiken und Berichten

EU-Ministerrat für Tourismus

Die in den EU-Mitgliedstaaten zuständigen Minister für Tourismus sind im Tourismusrat der Europäischen Gemeinschaft zusammengeschlossen. Zu den Zielen einer koordinierten EU-Tourismuspolitik gehören:

- Bessere zeitliche und räumliche Verteilung der Reiseströme

- Schaffung von Standards (Statistik, EDV, Klassifikation, Reservations-systeme, Umwelt- und Qualitätsgütesiegel etc.)
- Koordinierter Einsatz von Werbegeldern (Gemeinschaftswerbung für Europa als Reiseziel)
- Verbesserung der touristischen Infrastruktur
- Lancierung touristischer Projekte und Aktionen

Internationale Alpenschutzkonferenz

1989 erstmals einberufene Konferenz der sieben Alpenstaaten zum Schutze des Alpenraumes. Es wurde die ‹Alpenschutzkonvention› erarbeitet, die 1991 von den Umweltministern unterzeichnet wurde. Die Alpenkonvention besteht aus einer allgemeinen Rahmenkonvention mit Grundsätzen und insgesamt 14 Themen. Ihr Herzstück sind aber die acht Protokolle, die festlegen, wie die Ziele konkret zu erreichen sind, davon eines zum Tourismus. Noch nicht alle Protokolle sind von allen Staaten ratifiziert.

Nicht-gouvernementale Organisationen

International Air Transport Association (IATA)

Zusammenschluss der Liniengesellschaften des Luftverkehrs (Sitz: Montreal). Ursprünglich kam die IATA einem Preiskartell gleich, das jedoch aufgegeben werden musste. Bedeutsam für internationalen Tourismus.

European Travel Commission (ETC)

Vereinigung der europäischen, nationalen Tourismuswerbestellen (Sitz: Dublin). Zweck: Förderung von Werbung/Public Relation (insbesondere USA).

Bureau International du Tourisme Social (BITS)

Organisation zur Interessenvertretung des Sozialtourismus gegenüber Behörden und Drittpersonen (Sitz: Brüssel).

Internationale Vereinigung wissenschaftlicher Tourismusexperten (AIEST)

Rund 330 Mitglieder aus beinahe 50 Staaten (Sitz: St. Gallen). Zweck: Förderung der wissenschaftlichen Tätigkeit, Unterstützung der Forschung, Durchführung von Kongressen, Herausgabe der ‹Tourism Review›.

Abbildung 23:   **Träger der internationalen Tourismuspolitik**

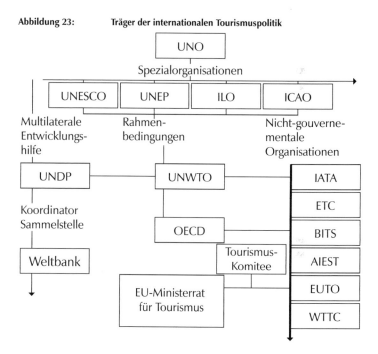

Quelle: In Anlehnung an P. Keller: Die intergourvernementalen Organisationen des Tourismus, Bern 2005

European Union of Tourist Officers (EUTO)
Europäischer Verband für Tourismusfachleute mit Sitz in Amstelveen. Zweck: Grundlagenforschung, Aus- und Weiterbildung, gegenseitige Hilfe/Unterstützung, Erfahrungsaustausch.

Internationale Alpenschutzkommission (CIPRA)
1952 gegründete Gruppe privater Organisationen, die sich mit Fragen des Natur- und Landschaftsschutzes, der Landschaftspflege und der Raumordnung speziell in den Alpenländern beschäftigt (Sitz: Vaduz). Internationale Berufsverbände

- Fédération Universelle des Associations Internationale de l'Hôtellerie (AIH, Paris)
- Internationale Organisation Gastgewerblicher Landesverbände (HORECA, Zürich)
- Association européenne des directeurs d'écoles hôtelières (EUHOFA, Lausanne)
- World Association of Travel Agencies (WATA, Genf)

3.4   Ziele, Strategien und Träger der Tourismuspolitik: Generalisierende Aspekte

Tourismuspolitische Ziele
Das Schweizerische Tourismuskonzept aus dem Jahre 1979 war ein Vorreiter einer nachhaltigen Tourismuspolitik. Das Konzept baute – lange Zeit bevor ‹Nachhaltigkeit› zum Modebegriff wurde – auf einem ganzheitlichen Bezugsrahmen auf und deckt die tourismuspolitisch bedeutsamen Aspekte im Gesellschafts-, Wirtschafts- und Umweltbereich ab. Die im Konzept enthaltenen tourismuspolitischen Ziele wurden aus folgenden übergeordneten Zielen abgeleitet:

Gesellschaftsbereich
- Förderung der Freizeit als Voraussetzung menschlicher Selbstverwirklichung,
- Verbesserung der körperlich-seelischen Gesundheit des Menschen,
- Gerechtere Verteilung der Einkommen und der freien Zeit – Verbesserung der Lebensbedingungen im In- und Ausland,

• Förderung der Verständigung und Zusammenarbeit zwischen den Völkern.

Wirtschaftsbereich
• Anstreben von Vollbeschäftigung,
• Steigerung des wirtschaftlichen Wachstums,
• Ausgleich der Zahlungsbilanz,
• Verwirklichung eines möglichst stabilen Preisniveaus.

Umweltbereich
• Sicherung eines stabilen ökologischen Gleichgewichts,
• Schonende und geordnete Nutzung der Umwelt,
• Erhaltung harmonischer Landschaftsräume – Sparsamer Verbrauch beschränkter Ressourcen.

Das Gesamtziel der Tourismuspolitik wurde damals wie folgt umschrieben und hat noch heute Gültigkeit: (Schweiz. Tourismuskonzept 1979, S. 58)

«*Gewährleistung einer optimalen Befriedigung der vielfältigen touristischen Bedürfnisse für Menschen aller Volksschichten im Rahmen leistungsfähiger touristischer Einrichtungen und einer intakten Umwelt. Dabei sind die Interessen der ortsansässigen Bevölkerung zu berücksichtigen.*»

In der folgenden Abbildung sind die tourismuspolitischen Ziele exemplarisch wiedergegeben. Die Oberziele sind in zwei weiteren Zielstufen (Zwischenziele/Unterziele) konkretisiert. Dieses breitgefächerte Zielsystem bildet den Ausgangspunkt für eine nachhaltige, d.h. auf gesellschaftliche, wirtschaftliche und ökologische Gegebenheiten bzw. Wünschbarkeiten ausgerichtete Tourismuspolitik von Behörden und touristischen Organisationen.

Abbildung 24:   **Übergeordnete Ziele der Tourismuspolitik**

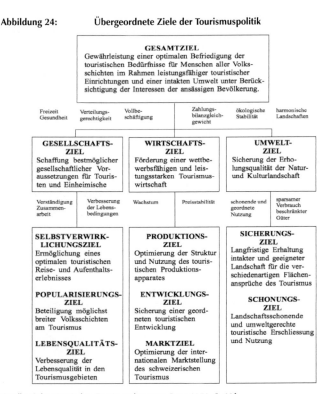

Quelle: Schweizerisches Tourismuskonzept, Bern 1979, S. 60f.

Ziele und Wirklichkeit

Eine Gegenüberstellung der Ziele mit der realen touristischen Entwicklung legt oft erhebliche Diskrepanzen offen. Am Beispiel des Schweizerischen Tourismuskonzeptes kann gezeigt werden, dass im Konzept z.B. die ‹gegenseitige Abstimmung der einzelnen Angebotselemente› gefordert wird. In Wirklichkeit wächst aber die Parahotellerie viel schneller als die Hotellerie. Insbesondere nehmen die kalten Betten (v.a. Zweitwohnungen) schneller zu als die warmen Betten (gut vermarktete Ferienwohnungen) und die Kapazitäten der Transportanlagen steigen vor allem im Zuge von Modernisierungen rapid an. Im Konzept wurde die

‹Festlegung der örtlich verschiedenen optimalen Ausbaugrenzen, ausgerichtet auf den jeweiligen beschränkenden Faktor› gefordert. In Tat und Wahrheit hat bisher kaum eine Tourismusgemeinde ihre Ausbaugrenzen verbindlich festgelegt. Die Beispiele vom grösser werdenden Graben zwischen Zielen und Wirklichkeit liessen sich fortführen.

Das Auseinanderklaffen von Zielen und Wirklichkeit in der touristischen Entwicklung hat oft folgende Ursachen:

* *Unverbindlichkeit der Ziele:* Im marktwirtschaftlichen, liberalen System haben Konzepte, Leitbilder u.a. für die einzelnen privaten Wirtschaftssubjekte bloss den Charakter von Orientierungshilfen, nicht aber von verbindlichen Weisungen.

* *Vorrang der wirtschaftlichen Betrachtung:* Forschung, Theorie, berufliche Ausbildung und Politik werden im Tourismus wirtschaftlich dominiert. Gesellschaftliche und ökologische Aspekte sind meistens nur Externalitäten.

* *Dominanz der kurzfristigen Gewinnoptik:* Wie in anderen Branchen steht auch im Tourismus das kurzfristige Gewinn- und Umsatzstreben der Unternehmen im Vordergrund, wobei vielfach das Rentabilitätsdenken mit Umsatz- und Mengendenken verwechselt wird.

* *Zersplitterung der Träger:* Die Krux des Tourismus ist es, dass er in verschiedene Bereiche zerfällt, die in erster Linie ihre eigenen Interessen wahrnehmen.

* *Interessenkongruenz zwischen Behörde und (Bau-)Gewerbe:* Das Gewerbe, v.a. das Baugewerbe, hat einen grossen Einfluss in den politischen Behörden, denn in Tourismusgemeinden rekrutieren sich die Behörden häufig aus Gewerbekreisen. Volkswirtschaftliches Wachstum, d.h. Wachstum des Bauhaupt- und Baunebengewerbes, gilt vielerorts als Primärziel.

* *Unbekannte und unzweckmässig angewandte Steuerungsinstrumente:* Vorhandene und andernorts umgesetzte Lenkungsinstrumente sind insbesondere bei den Gemeindebehörden oft zu wenig bekannt oder sie werden nicht oder unzweckmässig angewendet.

Aus all diesen Gründen wird verständlich, weshalb Tourismuspolitik vielerorts einer Art ‹Feuerwehrpolitik› gleichkommt, die hauptsächlich darauf ausgerichtet ist, Fehlentwicklungen und Engpässe, die bereits eingetreten sind, zu korrigieren und zu beseitigen.

Tourismuspolitische Strategien

Bis Anfang der achtziger Jahre war der Tourismus ein wachsender Wirtschaftszweig. Tourismuspolitische Strategien beschränkten sich in erster Linie auf Richtlinien für ein geordnetes und massvolles räumliches Wachstum. Zu Beginn der 90er-Jahre begannen in vielen Ländern der mit gewerblichen Übernachtungen verbundene Tourismus zu schrumpfen. Im Gegensatz dazu nahmen der Ausflugs- und der Zweitwohnungstourismus stets zu. Es brauchte deshalb neue Strategien und Impulse, um viele Destinationen wieder zu Ferien- und nicht nur zu Tagesausflugszielen zu machen.

Vor diesem Hintergrund wurde die Tourismuspolitik in vier Stossrichtungen unterteilt:

• Die Voraussetzungen für erfolgreiches Wirtschaften schaffen,
• Die Standortattraktivität erhöhen,
• Konfliktpotenziale abbauen,
• Den Marktauftritt der (Tourismus-)Wirtschaft stärken.

Abbildung 25:   **Tourismuspolitische Stossrichtungen**

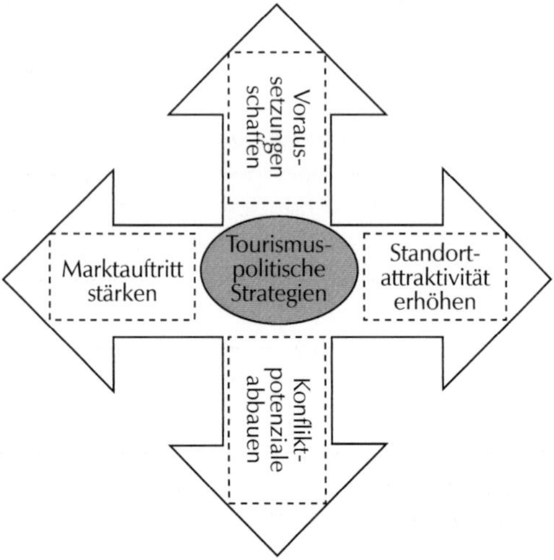

Quelle: beco/FIF: Tourismuspolitisches Leitbild des Kantons Bern 2001, S. 18

Die vier Stossrichtungen können durch zwölf tourismuspolitische Ziele/Strategien mit entsprechenden Massnahmen konkretisiert werden: (Vgl. beco/FIF 2001)

Die Träger der Tourismuspolitik können generell in drei Gruppen geteilt werden (vgl. Freyer 2011, S. 377):

- *Staatliche Träger:* Öffentliche Entscheidungsträger auf allen Ebenen und in unterschiedlichen Ministerien resp. Departementen.
- *Private Träger:* Entweder reine marktwirtschaftlich orientierte Privatbetriebe (Beherbergung, Touroperators, Bergbahnen etc.) oder überwiegend im privatwirtschaftlichen Interesse handelnde Institutionen (Branchenverbände, z.T. Tourismusvereine etc.)
- *Mischformen:* Organisationen mit einem gemeinwirtschaftlichen Auftrag sowie Gebietsgemeinschaften oder Verbraucherorganisationen, die gemische Mitglieder- und vor allem auch Finanzierungsstrukturen haben.

Ziel	Strategie
Voraussetzungen schaffen	
Wirkungsvolle tourismus-politische Impulse geben	1) Eine effiziente Tourismus-förderung betreiben
Voraussetzungen für erfolgreiches Wirtschaften schaffen	2) Rahmenbedingungen verbessern
Standortattraktivität erhöhen	
Einen Kompetenzvorsprung zur Konkurrenz schaffen	3) Arbeitskräfte aus- und weiterbilden
Marktgerechte touristische Infrastrukturen schaffen	4) Den Strukturwandel fördern

Das 21. Jahrhundert vorbereiten	5) Den touristischen Erlebniswert erhöhen
Mit Spitzenleistungen Preisnachteile kompensieren	6) Die Qualität der Dienstleistungen verbessern
Konfliktpotenziale abbauen	
Die touristische Grundlage erhalten	7) Umwelt und Natur schonen
Optionen für die Zukunft des Tourismus offenhalten	8) Den Raum ordnen und nachhaltig nutzen
Die Gastfreundschaft bei Bevölkerung und Mitarbeitern im Tourismus erhöhen	9) Das Tourismusbewusstsein in der Bevölkerung heben
Marktauftritt stärken	
Effizienz steigern	10) Kooperationen fördern
Schlüssel zum Weltmarkt optimieren	11) Integrierte Marktbearbeitung unterstützen
Erfolgskontrollen ermöglichen	12) Instrumente zur Beobachtung der Tourismusentwicklung schaffen

Abbildung 26:　　　　**Träger der Tourismuspolitik**

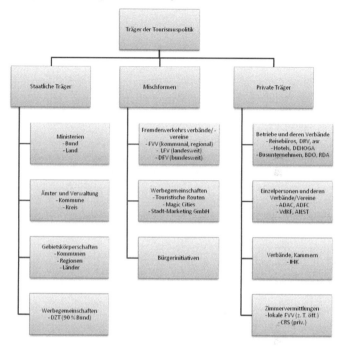

Quelle: Freyer, W.: Tourismus – Einführung in die Fremdenverkehrsökonomie, München 2011, S. 377

Zwischenruf

Kooperation als Erfolgs- und Überlebensstrategie

Kooperation ist in aller Munde. Die einen sehen darin eine Überlebensstrategie, die andern einen Weg zum Erfolg. Kooperationen sind jedoch nur dann erfolgreich, wenn einige Voraussetzungen erfüllt sind. Erstens: Es muss eine Win-win-Situation entstehen, bei der alle Kooperationspartner Vorteile haben. Zweitens: Es muss Aussicht auf Kosteneinsparungen oder auf die Verhinderung einer ruinösen Wettbewerbssituation bestehen. Drittens: Die Kooperationsfähigkeit der

Führungskräfte muss hoch sein. Wenn der Leidensdruck alleiniger Motivator zu einer Kooperation ist, sind die Erfolgsaussichten düster. Im Volksmund heisst es: «Wer ins selbe Boot steigt, muss dasselbe Ziel haben.» Einige Grundsätze sollen aufzeigen, was zu beachten ist, wenn Kooperationen eingegangen werden:

- *Weitsicht statt Zwang:* Es lohnt sich, rechtzeitig und immer wieder die verschiedenen Kooperationsmöglichkeiten zu überprüfen und nicht zu warten, bis man durch Veränderungen der Rahmenbedingungen gezwungen wird, Kooperationen einzugehen.
- *Krea(k)tiv nach Kooperationsmöglichkeiten suchen:* Das Aufsuchen von Kooperationsmöglichkeiten ist ein wichtiges Innovationsfeld, das mit allen Regeln der Innovationskunst zu bearbeiten ist.
- *Die Kooperationsfelder abstecken:* Oft kommen Kooperationen zustande, ohne dass die Prioritätenordnung der eigenen Zielsetzungen geklärt sind. Nur wenn aktiv nach den prioritären Kooperationsfeldern gesucht wird, führen Kooperationen zu einem Effizienzgewinn.
- *Die Kooperationsfähigkeit der Partner überprüfen:* Für erfolgreiche Kooperationen braucht es sowohl kooperationswillige wie auch kooperationsfähige Partner. Personelle Konstellationen sind beinahe so wichtig wie sachliche.
- *Gemeinsam Ziele erarbeiten und festlegen:* Kooperationen zeichnen sich dadurch aus, dass kaum Hierarchien existieren. Deshalb ist der Prozess einer gemeinsamen und kontinuierlichen Ziel- und Konsensfindung zentral.
- *Projektorientiertes Handeln:* Aktionsorientiertes Handeln ist oft einem ausgeklügelten konzeptionellen Ansatz vorzuziehen. Damit wird eine mögliche Kooperation auf den Prüfstand der Praxis gestellt. Systematische Erfolgskontrollen helfen, die Kooperation ständig weiterzuentwickeln.
- *Überholte und ineffiziente Kooperationen auflösen:* Oft ist es schwer, Kooperationen aufzulösen, denn Tradition bindet. Doch eingegangene Kooperationen sind ständig zu überprüfen und überholte oder ineffizient gewordene Kooperationen sind wieder aufzulösen. Bei Kooperationen ist es wie in der Liebe: Nur wenn ein inneres Feu-

> er brennt, wenn immer wieder Neues ausprobiert wird und wenn
> Vertrauen und Hochachtung gepaart sind, können gemeinsam «Berge versetzt» werden.

(Hansruedi Müller)

3.5 Tourismuspolitik in der Schweiz: Ziele, Strategien, Träger und Instrumente

Wachstumsziele 2010

Der Schweizerische Bundesrat verabschiedete 2010 eine Wachstumsstrategie für den Tourismusstandort Schweiz mit folgenden Zielen:

* *Verbesserung der Rahmenbedingungen für die Tourismusunternehmen:* Die Tourismusunternehmen sind auf vorteilhafte Rahmenbedingungen angewiesen. Viele Politikbereiche beeinflussen die unternehmerischen Entwicklungsmöglichkeiten. Die Tourismuspolitik strebt als Hauptaufgabe bestmögliche Rahmenbedingungen für die Tourismusunternehmen an.

* *Steigerung der Attraktivität des touristischen Angebots:* Zur Gewährleistung einer herausragenden Wettbewerbsfähigkeit der Schweiz muss die Attraktivität des touristischen Angebots gesteigert werden, wofür in erster Linie die Tourismusunternehmen verantwortlich sind. Mittels gezielter Innovations-, Kooperations- und Investitionsförderung setzt die Tourismuspolitik insbesondere bei der Qualitätsförderung Anreize und unterstützt notwendige Produktivitätssteigerungen im Tourismus.

* *Stärkung des Marktauftritts der Schweiz:* Im weltweiten Standortwettbewerb ist die Schweiz auf einen überzeugenden und starken Marktauftritt angewiesen. Die vom Bund finanzierte touristische Landeswerbung übernimmt diese Aufgabe, indem sie für den Tourismusstandort Schweiz eine internationale Präsenz und Marktbearbeitung sicherstellt.

* *Berücksichtigung der Grundsätze der nachhaltigen Entwicklung:* Der Tourismusstandort Schweiz ist langfristig auf eine nachhaltige Entwicklung angewiesen. Neben der wirtschaftlichen Leistungsfähigkeit berücksichtigt die Tourismuspolitik deshalb auch die Dimensionen der ökologischen Verantwortung (Energieeffizienz und Nutzung er-

neuerbarer Energien, Minimierung nachteiliger Auswirkungen auf die natürlichen Ressourcen wie Natur und Landschaft, Luft, Wasser, Boden) und der gesellschaftlichen Solidarität (z. B. Gesundheit, Lebensqualität, Bildung, Partizipation) (SECO 2010, S. 4).

Zur Erreichung der tourismuspolitischen Ziele des Bundes stützt sich die Tourismuspolitik auf vier Kernstrategien: Mittels eines strategischen Issue Managements (Strategie 1) und einer verstärkten Wahrnehmung der Querschnittsaufgaben (Strategie 2) sollen die Rahmenbedingungen für die Tourismusunternehmen bestmöglich ausgestaltet werden. Die Tourismus-Standortförderung soll mithelfen, die Attraktivität des Angebots zu steigern (Strategie 3) und den Marktauftritt des Tourismuslandes Schweiz zu stärken (Strategie 4) (SECO 2010, S. 6).

Abbildung 27:   **Tourismuspolitik des Bundes – Überblick**

Quelle: SECO: Wachstumsstrategie für den Tourismusstandort Schweiz, Bern 2010, S. 45

- *Strategie 1: Strategisches Issue Management betreiben:* Das strategische Issue Management dient dazu, Themen frühzeitig zu erkennen und aufzugreifen. Es klärt den Handlungsbedarf für den Tourismusstandort Schweiz ab und unterstützt die touristischen Akteure bei der Suche nach Lösungen. Ein Thema kann beispielsweise der Klimawandel, ein anderes der Zweitwohnungsbau sein. Mit dem aktiven Issue Management übernimmt der Bund vermehrt eine Themenführerschaft für das Tourismusland Schweiz. Chancen sollen früh genutzt und Risiken rasch identifiziert werden.
- *Strategie 2: Querschnittsaufgaben verstärken:* Viele Politikbereiche beeinflussen die unternehmerischen Entwicklungsmöglichkeiten. Die Tourismuspolitik soll dafür sorgen, dass diese Politiken in der Summe die Chancen der Tourismusunternehmen auf den Märkten erhöhen. Diese Aufgaben der Tourismuspolitik werden als Querschnittsaufgaben bezeichnet. Die Querschnittsaufgaben umfassen nicht nur wirtschaftspolitische Massnahmen, sondern sämtliche tourismusrelevanten Politikbereiche. Durch frühzeitige Interessenabwägungen unter den verschiedenen Politikbereichen sind optimale Lösungen zu finden. Von besonderer Wichtigkeit bei den Querschnittsaufgaben ist die Berücksichtigung der Grundsätze der nachhaltigen Entwicklung.
- *Strategie 3: Attraktivität des touristischen Angebots steigern:* Die Attraktivität des touristischen Angebots muss stetig verbessert werden, damit der Tourismusstandort Schweiz wettbewerbsfähig bleibt. Die Verantwortung hierfür liegt hauptsächlich bei den Tourismusunternehmen. Der Bund kann mittels Innovations-, Kooperations- und Investitionsanreizen diese Aufgabe erleichtern und die Unternehmen unterstützen. Die Tourismuswirtschaft soll in Zukunft vor allem auch vom Wissensaufbau und von der Wissensdiffusion des Bundes profitieren.
- *Strategie 4: Marktauftritt des Tourismuslandes Schweiz stärken:* Die Schweiz braucht einen überzeugenden und geschlossenen Marktauftritt. Die vom Bund finanzierte touristische Landeswerbung (Schweiz Tourismus) übernimmt diese Aufgabe. Dadurch sollen die Marketinganstrengungen der Unternehmen und der Tourismusorganisationen auf lokaler, regionaler und kantonaler Ebene verstärkt und gebündelt werden.

Träger der Tourismuspolitik in der Schweiz

Als Träger der Tourismuspolitik treten für sich oder gemeinsam der Staat (staatliche Stellen und Unternehmungen), öffentlich-rechtliche Körperschaften sowie privat-rechtliche Organisationen (Berufsverbände, Interessenvereinigungen, wirtschaftliche Unternehmungen) auf. Nachfolgend werden die wichtigsten Träger der Tourismuspolitik am Beispiel der Schweiz auf nationaler, kantonaler und lokaler Ebene kurz beschrieben.

Nationale Ebene: Staatliche Institutionen

Staatssekretariat für Wirtschaft (SECO) – Ressort Tourismus

Das Ressort Tourismus innerhalb des SECO, Direktion für Standortförderung, ist die zentrale Stelle für Tourismus der Bundesverwaltung. Dem Dienst für Tourismus kommen folgende wichtige Aufgaben zu:

- Vollzug der allgemeinen touristischen Geschäfte des Bundes
- Stellungnahmen zu touristischen Teilkonzepten im Rahmen regionaler Entwicklungskonzepte
- Aufsichtsbehörde von Schweiz Tourismus
- Vertretung der Schweiz in intergouvernementalen Organisationen des Tourismus

Die Sektion «Bewilligungen I» des Bundesamtes für Verkehr

Die Konzessionierung von Seilbahnen untersteht dem Postregal und obliegt dem Bundesamt für Verkehr. Neu basiert sie auf dem einem eigenständigen Seilbahngesetz, das am 1.1.07 in Kraft getreten ist. Für den Bau und Betrieb von Kleinseilbahnen haben die Kantone Vorschriften zu erlassen, die der Bewilligung des Bundes bedürfen.

Sektion Tourismus des Bundesamtes für Statistik

Die schweizerische Tourismusstatistik wurde durch Beschluss der Bundesversammlung vom 12.4.1933 eingeführt und gleichzeitig das damalige Eidg. Statistische Amt mit der Durchführung betraut. Vorerst wurden nur Ankünfte und Übernachtungen in Hotel- und Kurbetrieben erfasst. Im Laufe der Jahre erfolgte dann stufenweise eine Ausdehnung auf andere Beherbergungsformen (insbesondere ab 1965 auf Chalets, Ferienwohnungen und Privatzimmer). Indessen ist auch heute noch

keine vollständige Erhebung möglich. 2003 wollte man aus Kostengrün-
den die gesamte Beherbergungsstatistik einstellen. Nach Verhandlun-
gen (und dem Zwischenjahr 2004 mit einer reduzierten Stichproben-
erhebung) wurde sie 2005 auf neue methodische und finanzielle Beine
gestellt (HESTA), der Ferien-, Zweitwohnungs- und Chalettourismus
(PASTA) jedoch wieder fallen gelassen.

Abbildung 28:   **Träger der Tourismuspolitik auf nationaler Ebene**

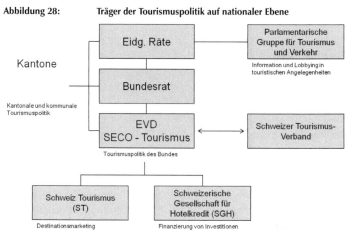

Quelle: Kämpf, R.: Tourismuspolitik des Bundes, SECO, Bern 2010

Parlamentarische Gruppe für Tourismus und Verkehr
Der Parlamentarischen Gruppe für Tourismus und Verkehr gehören viele der Parlamentsmitglieder an. Hauptzweck der Gruppe ist die Information der Mitglieder der eidgenössischen Räte über die aktuelle tourismuspolitische Situation des Tourismus und des Verkehrs (Vorträge,
Podiumsgespräche, Studienreisen etc.).

Öffentlich-rechtliche Körperschaften

Schweiz Tourismus (ST)
1955 wurde die Schweizerische Vekehrszentrale (SVZ) als Körperschaft
des öffentlichen Rechts errichtet. 1995 erfolgte eine Neustrukturierung

und Umbenennung in Schweiz Tourismus. Die Finanzierung erfolgt überwiegend aus Bundesgeldern. Zu den zentralen Aufgaben von Schweiz Tourismus gehören:

- Verfolgung der Entwicklung der Märkte und Beratung der Anbieter bei der Gestaltung marktgerechter Dienstleistungen
- Erarbeitung und Verbreitung von Werbebotschaften
- Nutzung oder Schaffung werbewirksamer Ereignisse und Betreuung der Medien
- Information über das touristische Angebot
- Hilfestellung für die touristischen Anbieter beim Vertrieb
- Unterstützung der Marktbearbeitung
- Koordination des Marktauftrittes und Zusammenarbeit mit anderen am Image des Landes interessierten Organisationen und Unternehmungen

Schweizerische Gesellschaft für Hotelkredit (SGH)
Die SGH wurde 1967 aufgrund des Bundesgesetzes über die Förderung des Hotel- und Kurortskredites (1966) als Genossenschaft des öffentlichen Rechts errichtet. Sie ging aus der Schweiz. Hotel-Treuhand-Gesellschaft hervor. Die SGH arbeitete bisher überwiegend mit Bundesmitteln, wurde jedoch 2003 umstrukturiert und neu positioniert. Die SGH kann für Erneuerung/Neubau/Erwerb von Beherbergungs- und weiteren Kurortseinrichtungen Darlehen zu Sonderkonditionen gewähren.

Schweizerische Bundesbahnen und Postauto Schweiz als staatliche Unternehmungen
Sowohl die SBB als auch Postauto Schweiz sind mit ihrem weit verzweigten Verteilungsnetz und einer Reihe tourismusrelevanter Dienste zu den bedeutenden Trägern tourismuspolitischer Massnahmen zu zählen.

Privatrechtliche Organisationen

Schweizer Tourismus-Verband (STV)
Der Schweizer Tourismus-Verband wurde 1932 als privatrechtlicher Verein mit Sitz in Bern gegründet. Seine rund 600 Mitglieder setzen sich aus praktisch allen interessierten Tourismusbereichen zusammen. Der

Verband setzt sich im Sinne er einer Lobbying-Organisation für die Optimierung der Rahmenbedingungen für den Tourismus und eine langfristige Verbesserung des Angebotes der Schweiz ein, insbesondere durch
- Wahrung der Interessen der Tourismuswirtschaft,
- Mitsprache bei allen tourismuspolitischen Entscheiden (tourismuspolitischer Dachverband),
- Informations- und Beratungstätigkeit im Bereich Angebotsgestaltung (Qualitätsverbesserungen),
- Informations- und Koordinationstätigkeit im Bereich der touristischen Ausbildung,
- Mithilfe bei der touristischen Planung.

Hotelleriesuisse
Der ehemalige Schweizer Hotelier-Verein (SHV) wurde 1882 mit Sitz in Bern gegründet. Heute sind hotelleriesuisse rund 2700 Hotelbetriebe (mehr als 40% aller Betriebe) angeschlossen. Rund zwei Drittel der Bettenkapazität und drei Viertel aller Hotellogiernächte entfallen auf Betriebe von hotelleriesuisse. Er vertritt die Anliegen und Interessen der Hotellerie bei Behörden, Wirtschaftsorganisationen und in der Öffentlichkeit. Zu seinem Aufgabenkreis zählen weiter:
- Behandlung von wirtschaftlichen, technischen, organisatorischen, arbeitsrechtlichen und sozialen Fragen,
- Beratung und Unterstützung der Sektionen und Mitglieder in allen die Hotellerie bezogenen Angelegenheiten,
- Aus- und Weiterbildung der in der Hotellerie und im Gastgewerbe beschäftigten Personen auf allen Stufen,
- Herausgabe der Wochenzeitung «hotel revue htr», «H&G», «Café Bistro» und anderer Zeitschriften.

GastroSuisse
Der ehemalige Schweizer Wirteverband vereint rund 20000 Mitglieder aus dem breiten Feld des Gastgewerbes (Hotels, Pensionen, Gasthöfe, Restaurants und Cafés). GastroSuisse ist in 26 Kantonalsektionen und vier Fachgruppen organisiert, die dem grössten gastgewerblichen Arbeitgeberverband angehören. Seine Stärken beschreibt er wie folgt:
- Massgeschneiderte Lösungen – alles aus einer Hand

- Umfassendes, professionelles Dienstleistungsangebot – für jeden Betriebstyp und jede Betriebsgrösse
- Kompetente und effiziente Beratung – branchengerecht
- Preiswerte Leistungen – und stets innovativ

Schweizer Reisekasse (reka)

Die Schweizer Reisekasse wurde 1939 gegründet und bezweckt als Organisation (Genossenschaft) des Sozialtourismus die Förderung und Erleichterung von Ferien und Reisen insbesondere in der Schweiz. Die durchschnittliche Verbilligung der mit reka-Checks bezahlten Dienstleistungen (6900 Checkannahmestellen wie Transportunternehmungen, Hotels, Ferienwohnungen, Tankstellen, Reisebüros usw.) beträgt rund 17%. Der Check-Umsatz beläuft sich heute auf über 500 Millionen Franken. Zudem verfügt die reka über 440 eigene und beinahe 800 zugemietete Ferienwohnungen im In- und Ausland und erzielt gegen eine Million Logiernächte. Zudem kamen über 1000 Familien in den Genuss von reka-Gratisferien.

Weitere privat-rechtliche Organisationen

- Arbeitskreis Tourismus und Entwicklung, Basel (akte)
- Hotel & Gastro Union (HGU): Schweizerischer Zentralverband der Hotel- und Restaurantangestellten
- Regionaldirektorenkonferenz (RDK)
- Schweizerischer Reisebüro-Verband (SRV): Zusammenschluss qualifizierter, in der Schweiz niedergelassener Reisebüros
- Swiss Congress
- Swiss Snowsports (Schweizerischer Skischulverband)
- Schweizer Jugendherbergen
- Schweizer Bergführerverband
- Seilbahnen Schweiz (SBS)
- Veloland Schweiz – Schweiz Mobil
- Verband Schweizer Badekurorte (VSB)
- Verband Schweizerischer Camping (VSC)
- Verband Schweizer Tourismus-Manager (VSTM)
- Verband öffentlicher Verkehr (VöV): Dachverband konzessionierter Transportunternehmen usw.

Kantons- und Gemeindeebene

Kantonale Stellen für Tourismus

Auf kantonaler Ebene werden tourismuspolitische Anliegen durch bestehende Departemente der Kantonsverwaltungen (i.d.R. Wirtschafts- oder Volkswirtschaftsdepartement) wahrgenommen. In einzelnen Kantonen (Bern, Graubünden, St. Gallen, Tessin, Wallis etc.) gibt es spezielle Amtsstellen resp. Abteilungen für Tourismus.

Hochschulinstitute für Tourismus

1941 wurden gleichzeitig an der Universität Bern das Forschungsinstitut für Fremdenverkehr (FIF) und an der Hochschule St. Gallen das Institut für Fremdenverkehr und Verkehrswirtschaft (IFV) gegründet. Die Tourismusforschung an der Universität Bern wurde 2012 in das Center for regional economic development CRED integriert, das IFV 1998 in Institut für öffentliche Dienstleistungen und Tourismus IDT und 2011 in Institut für Systemisches Management und Public Governance (IMP-HSG) umbenannt.

Seit einigen Jahren gibt es auch an der Universita della Svizzera Italiana in Lugano einen Lehrstuhl für Tourismus. Daneben hat sich an den Fachhochschulen in Chur, Luzern, Lausanne, Rapperswil, Sion und Wädenswil die Tourismus-, Mobilitäts- resp. Hospitality-Forschung etabliert. Dazu kommen die Höheren Tourismus-Fachschulen mit mehrjährigen Lehrgängen in Sierre, Luzern, Zürich und Samedan, z.T. mit eigenen Instituten sowie verschiedene Hotelfachschulen, wobei die EHL von Lausanne den Status einer Fachhochschule hat.

Kantonale Tourismusvereine/-verbände

In den wichtigsten Tourismuskantonen bestehen kantonale Tourismusbüros, -vereine oder -verbände.

Regionale Tourismusverbände

Auf regionaler Ebene gibt es die Konferenz der regionalen Verkehrsdirektoren (RDK), ein Zusammenschluss der insgesamt elf von Schweiz Tourismus anerkannten touristischen Hauptregionen (Graubünden, Ostschweiz/Liechtenstein, Zürich, Zentralschweiz, Nordwestschweiz,

Berner Oberland, Freiburg/Neuenburg/Jura/Berner Jura, Genfersee-gebiet, Wallis, Tessin, Schweizer Mittelland).

Subregionale Tourismusverbände resp. Destinationen

Verschiedene lokale Tourismusvereine haben sich zu echten Destina-tionen, zu Subregionen oder zu Marketingkooperationen zusammen-geschlossen, eine Dachmarke gebildet und sich so auf die neuen um-fassenden Gästebedürfnisse und den härter werdenden Konkurrenz-kampf eingestellt (Vgl. Kap. 2.5).

Kommunale Stellen für Tourismus

Auf lokaler Ebene sind es die Exekutiven der Gemeinden (Gemeinde-räte, Gemeindeverwaltungen) sowie spezielle Kommissionen, die sich mit tourismuspolitischen Fragen befassen.

Lokale Kur- und Tourismusorganisationen

Auf lokaler Ebene gibt es in der Schweiz weit über 200 Tourismus-, Kur-oder Verkehrsvereine, deren Aufgabe die Wahrung der jeweiligen lokalen Interessen ist. Dachorganisation der lokalen Tourismusorgani-sationen ist der 1893 gegründete Verband Schweizerischer Verkehrs-vereine (VSV).

(Hansruedi Müller, in: Hotel- und Tourismus-Revue)

Zwischenruf

Effizientes Lobbying

Wie oft wird in Tourismuskreisen über das Ungenügen des tourismus-politischen Lobbyings debattiert. Es wird bedauert, dass tourismus-politische Anliegen in den Parlamenten kaum eine Stimme haben und deshalb auch kaum Gehör finden. Ist dem wirklich so oder ge-hört das zum üblichen Gebaren einer Branche, die in einem starken Strukturwandel steckt?

Wer den tourismuspolitischen Leistungsausweis der letzten Jahre bi-lanziert, kommt zum Schluss, dass sich die Erfolge – mindestens auf Bundesebene – sehen lassen: Innotour wurde neu geschaffen und ei-ne Qualifizierungsoffensive gestartet, der ordnungspolitisch fragwürdige Mehrwertsteuer-Sondersatz wurde verlängert, die SGH erhielt trotz starken Gegenstimmen erneut einen Kredit und Schweiz Tourismus wird mit einem deutlich höheren Bundesbeitrag unterstützt als je zuvor. Und all dies in einer Zeit, in der hüben und drüben gespart und gestrichen wird. Vieles deutet darauf hin, dass das touristische Lobbying viel besser ist als sein Ruf.

In einer FIF-Studie (Zaugg 2004) wurden diese Zusammenhänge unter die Lupe genommen. Sie orientiert sich an den Grundsätzen der Neuen Politischen Ökonomie (Public Choice Theory). Diese Theorie geht im Kern davon aus, dass die komplexer werdenden Beziehungen zwischen Politik und Wirtschaft zu höheren Informationsbedürfnissen in allen politischen Gremien führen. Lobbying bietet sich als Instrument zum Abbau von Informationsdefiziten geradezu an. Dabei werden Informationen als Tauschgut verstanden, denn gut Informierte können ihren Einfluss verstärken. Zudem ermöglicht Lobbying die Erarbeitung praktikabler Gesetze mit hoher Akzeptanz und breitem Konsens. Lobbying wird trotz gewisser Imageprobleme immer häufiger als unverzichtbare Form der Basisdemokratie und legitimes Element in der politischen Willensbildung betrachtet.

Möchte der Einfluss auf tourismuspolitische Entscheidungsprozesse zur Durchsetzung partikulärer Interessen zusätzlich verstärkt werden, so stellt sich die Frage, wie das Lobbying verändert werden könnte, um noch erfolgreicher zu sein. Die Studie sieht diesbezüglich vier zentrale Ansatzpunkte: 1. Aufbau und Pflege eines dauerhaften Beziehungsnetzes, 2. laufende Aufbereitung fundierter und am Gemeinwohl orientierter Informationen und regelmässiger Informationsaustausch, 3. Vorbereitung möglichst konkreter Verbesserungsvorschläge mit Eigenleistungen und 4. Bildung von strategischen Partnerschaften und Bündelung der Aufgaben. Wenn «Politik ist, was eine Mehrheit findet», hat auch Lobbying weniger mit Sachlogik zu tun als vielmehr damit, Wege vorzubereiten, um Mehrheiten zu erreichen.

Instrumente der Tourismuspolitik der Schweiz

Die folgende Zusammenstellung des tourismusrelevanten Instrumentariums auf Bundesebene erhebt keinen Anspruch auf Vollständigkeit. Sie verdeutlicht aber, wie komplex die tourismuspolitische Materie ist, und dass Tourismuspolitik eine ausgesprochene Querschnittsaufgabe darstellt. In Anlehnung an die Unterscheidung zwischen direkter und indirekter Tourismuspolitik differenzieren wir in den Folgenden nach direkten (primär auf den Tourismus ausgerichteten) und indirekten den Tourismus in wesentlichen Bereichen tangierenden Instrumenten.

Direkte Instrumente resp. Rechtsgrundlagen

Grundlagen der Tourismuspolitik
Grundlage: Verbesserung von Struktur und Qualität des Angebotes (2002) bzw. Botschaft über die Standortförderung 2008–2011 vom 28. Februar 2007. Aktuell vgl. vorne ‹Wachstumspolitik 2010›

Förderung von Innovation und Zusammenarbeit
Grundlage: Bundesbeschluss über die Förderung von Innovation und Zusammenarbeit im Tourismus (1997) mit den folgenden Zielen: Finanzhilfe für Innovationen und Zusammenarbeit im Tourismus, insbesondere zur Entwicklung neuer Produkte, Ausrüstungen und Vertriebskanäle, zur Verbesserung der bestehenden Dienstleistungen und zur Schaffung organisatorischer Strukturen, die eine Steigerung der Effizienz ermöglichen. Qualifizierungsinitiative für touristische Berufe. Aktuell: Der Bundesbeschluss wurde 2008 bis Januar 2012 verlängert und mit einem jährlichen Betrag von ca. 5 Mio. CHF unterstützt.

Konzessionierung von Seilbahnen
Grundlage: Seilbahngesetz vom 1.1.2007 (Früher: Bundesverordnung über die Konzessionierung von Luftseilbahnen) mit dem Zweck, der Koordination und Überwachung der Seilbahnentwicklung als touristische Leitindustrie (insbesondere im Berggebiet). Zentrale Ziele sind: Gewährung einer grösstmöglichen Sicherheit; Konzentration zusätzlicher Erschliessung auf Entwicklungsräume; Beschränkung der mechanischen Erschliessung des Hochgebirges auf wenige Gebiete mit überdurch-

schnittlicher Eignung; Förderung einer zweckmässigen Erschliessungsplanung; Sicherung eines landschaftsschonenden Baus und Betriebs; Ausrichtung auf Marktmöglichkeiten; Förderung wirtschaftlich gesunder Transportunternehmen.

Touristische Werbung
Grundlage: Bundesgesetz über die Schweizerische Verkehrszentrale SVZ (1955, ab 1995 Schweiz Tourismus) mit dem Auftrag an Schweiz Tourismus bezüglich ‹Landeswerbung› (vgl. oben ‹Schweiz Tourismus›).

Hotel- und Kurortskredite
Grundlage: Bundesgesetz über die Förderung des Hotel- und Kurortskredites (1966; revidiert 1987) mit dem Ziel, der Förderung der Hotellerie durch die Schweizerische Gesellschaft für Hotelkredit (vgl. oben). Aktuell: 2003 wurde ein Sanierungskredit von gegen 80 Mio. CHF gewährt.

Sondersatz Mehrwertsteuer für Beherbergungsleistungen
Grundlage: Bundesverfassung Artikel 196, Ziffer 14: Bundesgesetz über die Einführung der Mehrwertsteuer für Beherbergungsbetriebe vom 6.10.1996. Der MwSt-Sondersatz bezieht sich ausschliesslich auf Beherbergungsleistungen und ist zu gewähren, weil sie in erheblichem Ausmass von Ausländern konsumiert werden und die Wettbewerbsfähigkeit es erfordert. Aktuell: Zusammen mit dem «Finanzpaket» wurde der MwSt-Sondersatz per 2005 in der Finanzordnung fest verankert. Der Sondersatz wird ordnungspolitisch als fragwürdig betrachtet, weil er einen einzelnen Wirtschaftssektor begünstigt. Auch das Exportargument ist nur einseitig haltbar, denn Exportgüter sind nur im Exportland steuerfrei, werden aber normalerweise im Importland besteuert. Im Tourismus fallen Produktion und Konsum zusammen. Da jedoch in 13 von 15 EU Staaten für die Beherbergung ebenfalls Sondersätz bestehen, rechtfertigt sich der Sondersatz auch über das ‹Gefangenendilemma›.

Gesamtarbeitsvertrag des Gastgewerbes
Grundlage: Bundesbeschluss über die Allgemeinverbindlichkeit des Landes-Gesamtarbeitsvertrages des Gastgewerbes (1976; div. Revisio-

nen) mit dem Ziel der allgemeinen Durchsetzung wichtiger Regelungen in den Bereichen Entlöhnung, Arbeitszeit und Arbeitsversicherungen.

Schlechtwetterentschädigung
Grundlage: Arbeitslosen-Versicherungsgesetz Kurzarbeitsregelung (Revision 91/Inkraftsetzung 1.1.92) mit dem Ziel eines Ausgleichs von Lohnausfällen (insbesondere als Folge von Schneemangel) für touristisches Personal.

Touristische Berufsbildung
Grundlage: Bundesverordnung über Mindestvorschriften für die Anerkennung von Höheren Fachschulen für Tourismus (1986) bzw. von Gastgewerblichen Fachschulen (1987); Reglement der Höheren Fachprüfung für den dipl. Tourismus-Experten (1988) mit dem Ziel der Förderung der touristischen Ausbildung.

Tourismusstatistik
Grundlage: Verordnung über die Durchführung von statistischen Erhebungen des Bundes 1993. Mit der Beherbergungsstatistik HESTA wird das Ziel verfolgt, statistische Unterlagen über Umfang, Entwicklung und Struktur von Tourismusangebot und -nachfrage auf nationaler, regionaler und lokaler Ebene zu gewinnen. Aktuell: Seit 2005 Teilfinanzierung durch den Tourismussektor und die Kantone, Anpassung der Tourismusstatistik an EU- und UNWTO-Standards sowie Einrichtung des ‹Satellitenkontos Tourismus› in der volkswirtschaftlichen Gesamtrechnung.

Unterstützung Schweizer Tourismus-Verband (STV)
Grundlage: Bundesratsbeschluss über die Informations- und Beratungsstelle des STV (1976) mit dem Ziel der Unterstützung der Informations- und Beratungstätigkeit des STV.

Zwischenruf
Zweitwohnungen – das touristische Dilemma
Von einem Dilemma ist immer dann die Rede, wenn man in einer Zwangslage ist und die schwierige Wahl zwischen zwei Übeln hat.

Zweitwohnungen bescheren dem Tourismus eine derartige Zwangslage. Deshalb hat der Schweizer Tourismus-Verband (STV) bereits in den 80er-Jahren eine Studie mit dem Titel «Zweitwohnungen – ein touristisches Dilemma» verfasst. Das Seco sprach in diesem Zusammenhang einmal von einer «Schattenwirtschaft», weil statistische Zahlen weitgehend fehlen.

Der Zweitwohnungstourismus ist gegenwärtig hoch aktuell, nachdem der Zweitwohnungsbau in Folge des Börsencrashs an Vorzugsstandorten boomt, die Aufhebung der Lex Koller zur Diskussion steht und zudem verschiedene Projekte gestartet worden sind, um Ferienwohnungen besser auszulasten und einen Qualitätsschub zu erwirken. Die kalten Betten sollen in warme oder gar heisse Betten verwandelt werden. Eine ganz heikle Angelegenheit, wenn man bedenkt, dass den rund 260 000 Hotelbetten wohl über 1,5 Millionen Ferien- und Zweitwohnungsbetten gegenüberstehen. Wird nur jedes zehnte Bett etwas temperiert, so erwächst der darbenden Ferienhotellerie eine weitere unheilvolle Konkurrenz. Dabei ist die Hotellerie nicht ganz unschuldig, denn sie hat es unterlassen, den zyklisch wiederkehrenden Zweitwohnungsboom einzudämmen. Im Gegenteil: Sie giesst Öl ins Feuer, indem sie die dynamische Zweitwohnungsnachfrage nutzt, um über den Verkauf von Apartments ihre Finanzierungsprobleme zu lösen. Ein Dilemma mit Kannibalisierungscharakter.

Und nun steht auch noch die Aufhebung der Lex Koller, die den Erwerb von Grundstücken durch Personen im Ausland regelt, vor der Tür. Der Vorstand des Schweizer Tourismus-Verbandes hat einer Aufhebung bereits zugestimmt, weil ein derartiger Eingriff ins Privatrecht – so die Grundstimmung – nicht mehr zeitgemäss und europatauglich sei. Die Kantone sollen flankierende Massnahmen ergreifen oder eine ausdrückliche Rechtsgrundlage schaffen. Dabei ist bekannt, dass einschneidende raumplanerische Massnahmen kaum mehrheitsfähig und abgaberechtliche Massnahmen kaum wirksam sind. Ein fatales Dilemma, worunter vor allem die Destinationen mit der höchsten Standortattraktivität nachhaltig zu leiden haben. Da braucht es Eingriffe ins Privatrecht.

(Hansruedi Müller, in: Hotel- und Tourismus-Revue)

Indirekte Instrumente

Ausländerpolitik
Grundlage: Bundesgesetz und Bundesverordnung über die Begrenzung der Zahl der erwerbstätigen Ausländer mit dem Ziel der Stabilisierung des Ausländeranteils in der Schweiz.

Grundstückserwerb durch Ausländer
Grundlage: Bundesbeschluss über die Bewilligungspflicht für den Erwerb von Grundstücken durch Personen im Ausland (1961: Lex von Moos; 1972: Lex Celio; 1973: Lex Furgler; 1985: Lex Friedrich; 1992: Lex Koller) mit dem Ziel der Verhinderung der Überfremdung des einheimischen Bodens (insbesondere aus Spekulationsmotiven) über ein System von Bewilligungskontingenten. Aktuell: EU-Verhandlungen betreffend Gleichbehandlung aller ausländischer Arbeitskräfte beim Erwerb von Grundstücken; Klärung der Anwendung auf hybride Hotelformate und Resorts.

Investitionshilfe für Berggebiet (IHG-NRP)
Grundlage: Bundesgesetz über die Investitionshilfe für Berggebiete (IHG-NRP) (1997) mit dem Ziel, der Unterstützung der Anpassungsprozesse der ländlichen Regionen an die globalisiert Wirtschaft (1), Unterstützung der exportorientierten Wirtschaftssysteme (2), Berücksichtigung der Gesetze des Marktes (3) sowie die Stärkung der regionalen Zentren als Entwicklungsmotoren (4). (Vgl. SECO 2008, S. 5). Aktuell: Per 1.1.2008 wurde die ‹Neue Regionalpolitik› mit drei Ausrichtungen lanciert: 1. Gestärkte Wirtschaft in den Regionen, 2. Koordination der Regionalpolitik mit den Bundesämtern und 3. Know-how für die Regionalpolitik und ihre Mitspieler. In diesen Bestrebungen wird dem Tourismus eine zentrale Funktion zugedacht.

RegioPlus
Grundlage: Bundesbeschluss über die Unterstützung des Strukturwandels im ländlichen Raum (1997) mit dem Ziel der Unterstützung des ländlichen Raumes bei der Bewältigung des wirtschaftlichen Strukturwandels. Wurde ab 2008 in die Neue Regionalpolitik (NRP) integriert.

Interreg II und III

Grundlage: Bundesbeschluss über die Förderung der grenzüberschreitenden Zusammenarbeit von Kantonen und Regionen mit dem Ziel der finanziellen Unterstützung von Projekten und Arbeiten, die der Umsetzung regionaler, grenzüberschreitender resp. ausländischer Programme dienen. Wurde per 1.1.2008 in die Neue Regionalpolitik (NRP) integriert.

Begleitung der Liberalisierung im Berggebiet

Grundlage: Bundesbeschluss über die flankierenden Massnahmen zur Begleitung der Liberalisierung im Berggebiet (2000) mit dem Ziel der Abfederung des Liberalisierungsprozesses insbesondere in den Bereichen Energie und Service Public.

Raumplanung

Grundlage: Bundesverfassung Art. 24; Bundesgesetz über die Raumplanung (1979); neue Raumplanungsverordnung (1989) mit dem Ziel des haushälterischen und der geordneten Nutzung des Bodens. Aktuell: laufende Teil-Revisionen, vor allem bezüglich ‹Bauen ausserhalb des Baugebietes› zur Ermöglichung wirtschaftlicher Entwicklungen für die Landwirtschaft.

Natur- und Heimatschutz

Grundlage: Bundesgesetz und Bundesverordnung über den Natur- und Heimatschutz (1966; revidiert 1987/1991) mit dem Ziel des Schutzes heimatlicher Landschafts- und Ortsbilder, geschichtlicher Stätten und Natur-/Kulturdenkmäler. Aktuell: umfassender Biotopschutz: Hochmoor- und Flachmoorverordnung (vgl. FIF 1995), ausscheiden von Grossschutzgebieten (Nationalpärke, Regionale Naturpärke und Naturerlebnispärke).

Gewässerschutz

Grundlage: Bundesgesetz über den Schutz der Gewässer gegen Verunreinigung (1991) mit dem Ziel eines umfassenden Gewässerschutzes.

Forstwesen
Grundlage: Waldgesetz (1993) mit dem Ziel der Gewährleistung der Schutz-, Wohlfahrts- und Nutzfunktion des Waldes.

Umweltschutz
Grundlage: Bundesgesetz über den Umweltschutz (1983); Lärmschutz-verordnung (1986); Luftreinhalteverordnung (1987); Verordnung über die Umweltverträglichkeitsprüfung (1989) mit dem Ziel eines umfassenden Schutzes der Umwelt vor und für Menschen.

Fuss- und Wanderwege
Grundlage: Bundesgesetz über Fuss- und Wanderwege (1985) mit dem Ziel einer koordinierten Planung von neuen und der Erneuerung bisheriger Anlagen eines zusammenhängenden Fuss- und Wanderwegnetzes.

Öffentlicher/privater Verkehr
Grundlage: Diverse Gesetzgebungen im Bereich des öffentlichen Verkehrs und des Strassenbaus mit dem Ziel der Förderung des öffentlichen Verkehrs und des Ausbaus des Nationalstrassennetzes.

Reisevertrag
Grundlage: Gesetz über Pauschalreisen (1994) mit dem Ziel eines verstärkten Konsumentenschutzes. Als Pauschalreisen werden ‹vorfabrizierte› Reisen, die mindestens 24 Stunden dauern oder eine Übernachtung enthalten sowie Transport, Unterkunft und andere touristische Dienstleistungen einschliessen, verstanden.

3.6   Tourismuspolitik in Deutschland: Ziele, Instrumente und Träger

Dieses Kapitel orientiert sich am Grundlagenwerk von Freyer «Tourismus» (2011, S. 395ff.).

Tourismuspolitische Ziele in Deutschland

Zielentwicklung

Mit Aufkommen der Planungsdiskussion in der Bundesrepublik während der ersten SPD/FDP-Regierung 1969 wurde auch für die BRD ein tourismuspolitisches Grundsatzprogramm aufgestellt. Im Programm von 1975 wird die Zuständigkeit und Mitverantwortung staatlicher Stellen für den Tourismus betont.

1994 wurden die Ziele von 1975 weitgehend forgeschrieben, wobei anstelle des damaligen Oberziels «Verbesserung der Voraussetzungen für die Durchführung der Tourismuspolitik – Koordinierung und Information» das Umweltziel explizit herausgestellt wurde: (Vgl. Freyer 201, S. 395)

• Sicherung der Rahmenbedingungen (Staat soll nur noch Ordnungspolitik betreiben),

• Steigerung der Leistungs- und Wetttbewerbsfähigkeit der deutschen Tourismuswirtschaft (Wahrnehmung wirtschaftspolitischer Aufgaben),

• Verbesserung der Möglichkeiten für die Teilnahme breiter Bevölkerungsschichten am Tourismus (sozialpolitische Aufgabe),

• Ausbau der internationalen Zusammenarbeit im Tourismus,

• Erhaltung von Umwelt, Natur und Landschaft als Grundlage des Tourismus (umweltpolitische Aufgabe).

Die aktuellen Ziele beziehen sich noch immer im Wesentlichen auf die Zielsetzungen von 1975. Es erfolgten nur geringe Anpassungen.

Aktuelle tourismuspolitische Ziele

Die Ziele sind im «Tourismuspolitischen Bericht der Bundesregierung» (BMWi 2008) festgehalten. Nachfolgend eine Zusammenfassung nach Freyer (2011, S. 396):

1. Verbesserung der Rahmenbedingungen
   • Beseitigung von Wettbewerbsverzerrungen
   • Fokus auf Mittelstandförderung
   • Sommerferienregelung
   • Verbesserung der regionalen Wirtschaftsstruktur

2. Steigerung der Leistungs- und Wettbewerbsfähigkeit
   - ‹Mittelstandsinitiative›
   - Gezielte Vermarktung des Urlaubslandes Deutschland
   - Förderung von Fortbildungskursen
   - Vermarktungshilfen für innovative Produkte und Qualitätssteigerung
   - Kontinuierliche Aufstockung der Finanzmittel

3. Bereitstellung der notwendigen Infrastruktur
   - Ausbau der Verkehrsinfrastruktur
   - Förderung des Luftverkehrs, ÖPNV, touristische Beschilderung
   - Gestaltugen einer nachhaltigen Mobilität: integriertes Klima- und Energieprogramm, Verbesserung der Kennzeichnungspflicht bei Neuwagen, CO_2-bezogene Ausgestaltung der KFZ-Steuer

4. Qualitätssteigerung im Tourismus
   - Förderung der Qualifizierung der Mitarbeitenden
   - Werbung für neue und etablierte Berufe
   - Nachwuchssicherung (Aus- und Weiterbildung)

5. Förderung des ländlichen Tourismus
   - Förderung einer integrierten ländlichen Entwicklung
   - Entwicklungsprogramme der Länder
   - Umnutzung der Bausubstanz von land- und forstwirtschaftlichen Betrieben
   - Unterstützung von ‹Urlaub auf dem Bauernhof und Landtourismus e.V.›

Erwähnenswert ist zudem die vom Bundesministerium herausgegebene Konzeption ‹Umweltschutz und Tourismus› (BMU 2002). Es fehlt jedoch eine Integration dieser Konzeption in die Tourismuspolitischen Leitlinien der Regierung.

Tourismuspolitische Instrumente in Deutschland

Ökonomische Instrumente
Wird die Tourismuspolitik als wirtschaftspolitische Aufgabe angesehen, so werden die Instrumente der allgemeinen Wirtschaftspolitik einge-

setzt, insbesondere die *Wirtschaftsförderung*. Darüber hinaus gibt es spezifische Instrumente zur *Investitionsförderung* für touristische Anbieter. Massnahmen zugunsten der touristischen *Nachfrager* sind nur vereinzelt erkennbar. Jedoch hat die *allgemeine Mittelstandpolitik* massgeblichen Einfluss auf die Tourismuswirtschaft.

Nachfolgend einige tourismusspezifische resp. -relevante Förderinstrumente: (Vgl. Freyer 2011, S. 403)

- Globalsteuerung,
- Förderung von tourismusspezifischen Investitionen,
- Förderung von Existenzgründungen,
- Steuerliche Massnahemen,
- Förderung von Schulung, Beratung und Qualifizierung,
- Arbeitsmarktpolitische Massnahmen,
- Staatliche Beteiligung an Schlüsselbereichen wie Deutsche Bahn AG oder Lufthansa AG,
- Finanzielle Unterstützung der Deuschen Zentrale für Tourismus DZT,
- Finanzielle Unterstützung zur ‹Leistungssteigerung im Tourismusgewerbe›.

Instrumente der Raumordnung

Auch die Raumordnung enthät eine Reihe von Instrumenten, die für die Tourismuspolitik relevant sind: (Vgl. Freyer 2011, S. 407ff.)

- Europäisches Raumentwicklungskonzept EUREK,
- Leitlinien für eine nachhaltige räumliche Entwicklung auf dem europäischen Kontinent,
- Raumordnungsgesetz ROG (Bund),
- Landesplanungsgesetz mit dem Teilbereich der Raumplanung (Länder),
- Raumordnungsverfahren ROV (Länder),
- Flächennutzungspläne FNP und Bebauungspläne (Gemeinden).

Instrumente der Verkehrspolitik

Mobilität und damit Verkehr ist eine zwingende Voraussetzung für den Tourismus. Deshalb sind Verkehrs- und Tourismuspolitik eng miteinander verknüpft. Die Grundlagen der Verkehrsplanung sind ganz grob: (Vgl. Freyer 2011, S. 411ff.)

- Bundesfernstrassengesetz (Bund),

- Raumordnungsgesetz (Bund),
- Planfeststellungsgesetz – Strassengesetze (Länder),
- Landesplanungsgesetze (Länder),
- Baugesetzbuch (Gemeinden)
- Leitbild, Masterplan, Gesamt-/Generalverkehrsplan, Verkehrsentwicklungsplan, Nahverkehrsplan etc. (Gemeinden, nicht rechtsverbindlich).

Tourismuspolitische Träger in Deutschland
In Deutschland gibt es auf Bundesebene keine zentrale Stelle, die alle tourismusrelevanten Fragestellungen koordiniert. Fast alle Ministerien sind in unterschiedlichem Umfang für tourismuspolitische Aufgaben zuständig. Das innerhalb des Bundesministeriums für Wirtschaft und Technologie (BMWi) eingerichtete *Referat ‹Tourismuspolitik›* hat dabei eine federführende Stellung.

Innerhalb des Deutschen Bundestages erarbeitet der *‹ständige Ausschuss Tourismus›* (seit 1991 ein Vollausschuss) Beschlussvorschläge zuhanden des Bundestages. Ihm gehören 16 Abgeordnete an (Vgl. Freyer 2011, S. 381).

Abbildung 29:   **Tourismuspolitische Träger auf Bundesebene**

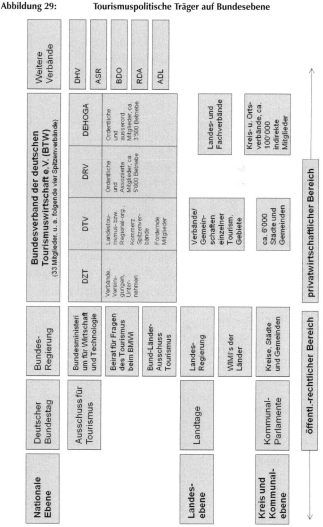

Quelle: Freyer, W.: Tourismus, München 2011, S. 380, in Anlehnung an Brendle/Müller 1996,
S. 32)

Die wichtigsten tourismuspolitischen Organisationen auf Bundesebene sind: (Freyer 2011, S. 384)

• *DZT – Deutsche Zentrale für Tourismus:* Die DZT verfolgt folgende Ziele: Steigerung des Reiseaufkommens nach und in Deutschland, Stärkung des Images Deutschlands als Reiseland sowie Stärkung des Tourismus als Wirtschaftsfaktor.

• *BTW – Bundesverband der Deutschen Tourismuswirtschaft:* Zusammenschluss der wichtigsten Tourismusverbände sowie der Grossunternehmungen wie TUI, Thomas Cook, Rewe Touristik, DuMont-Reiseverlag und Dorint-Hotels. Die Ziele des BTW sind die Sicherung des deutschen Tourismusstandortes sowie die Interessenvertretung.

• *DTV – Deutscher Tourismusverband:* Die direkten Mitglieder sind die Landestourismusverbände, die regionalen Tourismusorganisationen sowie einzelne Städte. Fördernde Mitglieder sind der ADAC, der ADFC, die Deutsche Bahn AG uwm. Der DTV setzt sich primär ein für eine Entlastung klein- und mittelständiger Betriebe, für die Verbesserung der Buchbarkeit touristischer Angebote, die Qualitätssicherung sowie für tourismuspolitische Fragen.

• *DEHOGA – Deutscher Hotel- und Gaststättenverband:* Der DEHOGA ist der Dachverband des Gastgewerbes und nimmt die Interessen der gesamten Branche wahr.

• *DRV – Deutscher Reise-Verband:* Der DRV vereint rund 5 000 Reisebüros und Reiseveranstalter. Er setzt sich für die Interessen der mittelständigen und grossen Unternehmen der Branche ein.

• *DHV – Deutscher Heilbäderverband:* Der DHV vereint die Heilbäderverbände der Länder, den Verband Deutscher Badeärzte sowie die Vereinigung für Bäder- und Klimakunde und vertritt die gemeinsamen Interessen.

3.7   Tourismuspolitik in Österreich: Ziele, Strategien und Träger

Österreich hat zurzeit keine offizielle, umfassende und verbindlich erklärte nationale Tourismuspolitik. Hingegen findet in regelmässigen Abständen eine *Österreichische Tourismuskonferenz* statt, an der sich die wichtigsten Stakeholder treffen und gemeinsam Ziele, Strategien und Massnahmen festlegen. Organisiert wird die Österreichische Tourismuskonferenz vom Bundesministerium für Wirtschaft, Familie und Jugend BMWFJ. Die nachfolgenden Ausführungen basieren auf der Impuls-Tourismuskonferenz mit Workshops im Dezember 2009 (BMWFJ 2010).

Analyse und Zielsetzungen
In der Analyse werden sechs *Herausforderungen* in den Vordergrund gestellt:
- Erfolge der Vergangenheit machen träge,
- Fehlende Investitionen im Ganzjahrestourismus,
- Geweckte Erwartungen werden oft nicht erfüllt,
- Marketing ist zu wenig abgestimmt,
- Unterkritische Buchungsgrössen,
- Hohe Saisonalität.

Daraus werden sieben Kernziele abgeleitet:
- Mehr Mitteleffizienz im Marketing,
- Zielgerichtete Tourismusförderung,
- Höhere Innovationskultur,
- Stimmigkeit von geweckten Erwartungen und Produkten,
- Wettbewerbsfähige Rahmenbedingungen,
- Überregionale Kooperationen,
- Österreichweite Abstimmung der Tourismuspolitik.

Erfolgsfaktoren und Schlüsselmassnahmen
Als die fünf starken *Erfolgsfaktoren* des heimischen Tourismus werden die folgenden genannt:

Marketing: Kräfte bündeln
- Ausrichtung des Marketings auf die drei USP Alpen, Donau, Städte & Kultur,
- Engere inhaltliche und organisatorische Kooperation zwischen den Landes-Tourismusorganisationen LTO und der Österreich Werbung ÖW,
- Überprüfung der Strukturen der Österreich Werbung ÖW,
- Weiterführung der Nahmarktkampagne,
- Verwendung modernster Kommunikationsinstrumente.

Als *Schlüsselmassnahmen* werden u.a. genannt: Strategische Aufgaben-
und Rollenteilung auch in den Finanzflüssen, neue Erfolgsmodelle
Landwirtschaft und Tourismus, Synergien öffentlicher Investitionen
Sport, Kultur, Bildung und Tourismus, Aufladen der Marke mit strategischen Grossveranstaltungen, Nachfolgefinanzierung EU nach 2013 etc.

Förderungen: Themen forcieren

- Thematische Themenschwerpunkte,
- Stärkung des Kompetenzzentrums Österreichische Hotel- und Tou-
  rismusbank GmbH ÖHT als One-Stop-Shop,
- Klare Zuständigkeit von Bund und Bundesländern in der Förderpyra-
  mide,
- Mehr Kundenfreundlichkeit bei den Förderrichtlinien.

Als *Schlüsselmassnahmen* werden u.a. genannt: Erweiterung des Förder-
kreises im Sinne der Servicekette, Orientierung an einer neuen ‹Förder-
pyramide›, Qualitätssicherung der Förderprogramme, Think-Tank für
Know-how-Austausch, Verbesserung der Position der Branche am Fi-
nanzmarkt etc.

Innovationen: Ideen zum Durchbruch verhelfen

- Verstärkung der Förderung der Innovationen,
- Einführung eines Innovationsbonus,
- Heben der Innovationskultur im Tourismus,
- Innovationen durch Förderung entlang der Wertschöpfungskette,
- Auswahl von Innovationsregionen,
- Einsetzen von Innovationscoaches.

Die entsprechenden *Schlüsselmassnahmen* sind in den übrigen Bereichen enthalten.

Abbilidung 30:   **Umsetzung der tourismuspolitischen Ziele:**
Vom Reden zum Handeln

Quelle: bmwfj Bundesministerium für Wirtschaft, Familie und Jugend 2010: Neue Wege im Tourismus, Wien 2010

Tourismuspolitische Träger in Österreich

Die tourismuspolitischen Anliegen werden in Österreich vom Bundesministerium für Wirtschaft, Familie und Jugend BMWFJ koordiniert. Für die Zusammenarbeit auf Bundesebene sind die folgenden Institutionen sehr zentral:

Wirtschaftskammer Österreich WKÖ: In Österreich werden die Interessen der Tourismuswirtschaft sowohl auf Bundes- wie auch auf Landesebene von den Wirtschaftskammern übernommen. Die WKÖ hat sieben Sparten, eine davon widmet sich der Tourismus- und Freizeitwirtschaft. Jede Sparte hat wiederum Fachgruppen (Länder) und Fachverbände (Bund). Die wichtigsten Themen der Bundessparte ‹Tourismus und Freizeitwirtschaft› sind Arbeitsmarkt, Ausbildung, Barrierefreiheit, EU und Tourismus, Finanzierung und Förderung sowie Steuer.

Österreich Werbung ÖW: Die ÖW ist die Marketingorganisation Österreichs. Die Kernaufgaben sind (1) die Führung der Marke ‹Urlaub in Österreich›, (2) Bearbeitung der international erfolgversprechendsten Märkte sowie (3) Aufbereitung von Wissen über Gäste und Märkte für die Netzwerkpartner. Das Gesamtbudget beläuft sich auf rund 50 Mio. Euro, wovon 30 Mio. vom Bundesministerium für Wirtschaft, Familie und Jugend BMWFJ getragen werden. Mit der Plattform ‹Allianz der Zehn› wird die Zusammenarbeit mit den Landestourismusorganisationen auf allen Ebenen koordiniert.

Österreichische Hotelvereinigung ÖHV: Die ÖHV vertritt als Dachorganisation die Interessen von über 1 100 führenden Betrieben der Ferien-, Konzern- und Stadthotellerie. 80% davon sind 4- und 5-Sterne-Betriebe. Die Hauptaufgaben der ÖHV sind die Vernetzung und die Wahrnehmung der Brancheninteressen, die Qualifizierung der Mitarbeiter sowie das Bündeln verschiedener Serviceleistungen, die von der ÖHV Touristik Service GmbH angeboten werden.

Österreichische Hotel- und Treuhand-Bank GmbH ÖHT: Bei der ÖHT handelt es sich (ähnlich wie bei der SGH in der Schweiz) um ein Sonderkreditinstitut, das vor allem Aktivitäten der Tourismuswirtschaft finanziert. Neben der Finanzierung mit zinsgünstigen Kreditmitteln steht sie für Beratungsgespräche insbesondere im Bereich der Investitionen und Finanzierung zur Verfügung. Die ÖHT beschäftigte 2009 34 Mitarbeitende, hatte eine Bilanzsumme von ca. 1 426 Mio. Euro und einen Umsatz von geschätzten 805 Mio. Euro.

Österreichischer Reisebüroverband ÖRV: Der ÖRV vertritt die Interessen der bedeutendsten Reisebüros und Reiseveranstalter. Die Mitglieder setzen sich aus rund 400 Reisebüros und ca. 80 Institutionen und Unternehmen aus allen touristischen Bereichen zusammen, die insgesamt rund 80% der Gesamtumsätze des Outgoing-Tourismus in Österreich ausmachen. Der ÖRV versteht sich als Plattform zur Erarbeitung von Branchenlösungen, ist Ansprechpartner für internationale Verbände und macht der Öffentlichkeit die Bedeutung der Reiseindustrie bewusst.

4 Tourismusperspektiven –
Ansätze für eine nachhaltige Entwicklung

Tourismus ist nicht eine Welt für sich, die eigenen Gesetzen gehorcht. Vielmehr ist er in ein vielfältiges Netz sozio-ökonomischer Bedingungen und Beziehungen eingebunden und wird von daher beeinflusst (Vgl. Kapitel 2.3). Eine differenzierte Analyse möglicher Entwicklungen des Tourismus ist deshalb nur unter Berücksichtigung der sich abzeichnenden gesamtgesellschaftlichen Veränderungen und Herausforderungen möglich.

4.1 Veränderungen der globalen Rahmenbedingungen

Die Geschichte lehrt uns, dass es in der touristischen Entwicklung immer wieder Einbrüche gegeben hat. Seit dem 2. Weltkrieg waren die Schwankungen jedoch nur minim. Und dies, obwohl sich heute zahlreiche Veränderungen im näheren und weiteren Umfeld von Freizeit und Reisen besonders turbulent vollziehen. Nicht nur der neue Konsument ist quicklebendig geworden, auch die ganze Gesellschaft hat sich immer stärker fragmentiert. Politische Grenzen wurden aufgelöst und andere neu festgelegt. Die Erde wächst über weltweite Globalisierungsautomatismen zu einem eigentlichen ‹Global Village› zusammen. Auch die vermeintliche ökologische Stabilität scheint immer instabiler zu werden. Obwohl wir immer mehr wissen über unsere Welt, sie bereisen, erforschen und ergründen, werden die Zusammenhänge immer komplexer und unverständlicher. Kurz: Der Querschnittssektor Tourisms steht vor grossen Herausforderungen.

Die Globalisierung als Herausforderung

Die weltweiten Globalisierungstendenzen haben alles zum Floaten gebracht: die Nachfrager, die Arbeitskräfte, das Know-how, das Kapital. Sie fliessen dorthin, wo die grössten Zukunftshoffnungen liegen. Entsprechend haben sich Produktionsweisen, Unternehmensstrategien, Marketingpläne und Managementstile vereinheitlicht. Der Tourismus war und ist noch immer Vorreiter der Globalisierung. Touristische Angebote, ja ganze Reiseziele wurden austauschbar, kontinentale und interkontinentale Verkehrsnetze bestimmten die Entwicklungsrichtung und -geschwindigkeit, Distributionskanäle beziehungsweise Reservationssysteme wurden zunehmend zum entscheidenden Erfolgsfaktor. Weltweit haben praktisch alle Volkswirtschaften den Tourismus als Entwicklungsförderer entdeckt. Die so entstandenen Überkapazitäten in allen touristischen Sparten – bei den Verkehrsträgern, im Beherbergungssektor, in Kur- und Wellness-Einrichtungen, in Erlebnis- und Freizeitpärken, bei den Sporteinrichtungen, bei den Eventangeboten – wurden zum Motor der Globalisierung.

Die Überalterung als Herausforderung

Zwar kann in den westlichen Industrieländern von stagnierenden bis schrumpfenden Bevölkerungszahlen ausgegangen werden, doch werden sich die Partnerschaftsverhältnisse und die demographische Zusammensetzung der Bevölkerung stark verändern: Während sich der Anteil der Jugendlichen in den nächsten Jahren drastisch verkleinern wird, steigt der Anteil der älteren Bevölkerung um bis zu einem Prozent pro Jahr. Immer weniger Jugendliche, jedoch immer mehr aktive Senioren und vor allem Seniorinnen mit relativ viel Zeit und Geld werden den Freizeit- und Reisemarkt bestimmen.

Der Wertewandel als Herausforderung

Auch der Wertewandel verläuft turbulent. Er wird geprägt durch eine hedonistische Grundhaltung, gepaart mit einem gewissen Zukunftspessimismus. Erlebnisse, Lust, Genuss und Ausleben stehen im Zentrum. Die gemeinsame Wertebasis, die unsere Gesellschaft zusammenhält, wird immer dünner. Nicht nur der Individualismus bestimmt die Konfettigesellschaft, sondern auch die vielen Szenen, Milieus, Netzwerke und Clans mit ihren eigenen Wertemustern.

Die sogenannte Megageneration macht sich lautstark bemerkbar. Ihre Werte sind insbesondere:

• grosse materielle Ansprüche,
• sinkende Bereitschaft, dafür auch Besonderes zu leisten,
• Forderung von mehr Freiheit in allen Lebensbereichen,
• zunehmender Eskapismus,
• abnehmende Hemmungen und sinkende Anweisungsakzeptanz,
• Individualismus in der Masse.

In Szenen der Mega-Generation wächst das Dilemma zwischen Mitmachen bis zur Erschöpfung oder Ausschluss aus dem Netzwerk. Die Spaltung zwischen ‹Knows› und ‹Don't knows› ist offensichtlich.

Der Wandel der Grundwerte wird in der Schweiz mit der periodischen Untersuchung des «psychologischen Klimas» von DemoSCOPE (2009) nachzuvollziehen versucht (Vgl. nachfolgende Abbildung). Längerfristig ist ein deutlicher Trend in Richtung Aussenorientierung – Progressiv erkennbar, obwohl sich in jüngster Zeit konservative Tendenzen nach Innenorientierung bemerkbar machen.

Abbildung 31: **Psychologische Karte der Schweiz**

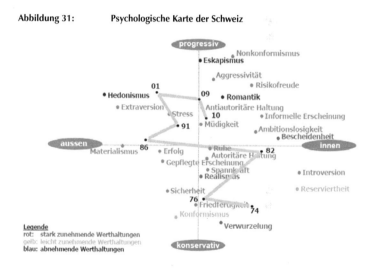

Quelle: DemoSCOPE: Psychologische Karte der Schweiz, in: Infobulletin, Luzern 2010

Die Mobilität als Herausforderung

Der Motorisierungsgrad der Bevölkerung nimmt laufend zu. Und mit ihm die Bereitschaft, in der Freizeit mobil zu sein. Der Anteil der Freizeitmobilität ist von rund 30% in den 60er-Jahren auf über 50% gewachsen. Dies führt bei voraussichtlich nur geringen Anpassungen der Verkehrsinfrastruktur und weiterhin schlecht koordinierten Schulferienordnungen ungewollt aber unweigerlich zu noch grösseren Verkehrsproblemen, zu eigentlichen Verkehrsinfarkten. Trotzdem ist bei einem Grossteil der Bevölkerung eine Änderung im Mobilitätsverhalten kaum zu erwarten. Staus gehören immer mehr zum Ferienritual. Der Anteil der ‹Mobilitätsmüden› wird nur langsam wachsen.

Die Klimaerwärmung als Herausforderung

Die Umweltdiskussion verschärft sich von zwei Seiten her: Ökologische Belastungsgrenzen werden vielerorts mehr und mehr erreicht. Die Folgen sind schon heute sicht- und spürbar. Andererseits hat gerade in den letzten Jahren in breiten Bevölkerungsschichten ein Prozess der Umweltsensibilisierung eingesetzt. Wie zahlreiche Untersuchungen zeigen, werden Feriengäste immer umweltsensibler, wenn auch auf eine opportunistische Art und Weise: Sie nehmen Umweltschäden insbesondere dann wahr, wenn sie das eigene ‹Ferienglück› gefährdet sehen. Entscheidend für die touristische Entwicklung ist die Klimaveränderung. Das Dilemma für den Tourismus ist deshalb besonders gross, weil der Tourismus nicht nur Betroffener der globalen Erwärmung ist, sondern auch ein zentraler Verursacher: Zurzeit wird der Anteil des Tourismus an den Treibhausgasen mit 5 % beziffert. Die rund 1307 Mio. Tonnen verteilten sich zu 40% auf den Luftverkehr, 32% auf den Strassenverkehr und 3% auf den übrigen Verkehr, 21% auf die Beherbergung sowie 4% auf Aktivitäten vor Ort (UNWTO et al. 2007, S. 2). Prognosen machen deutlich, welche Zukunftsverantwortung dem Tourismus in der Klimapolitik zukommt, denn die ‹weisse Industrie› entwickelt sich zum bedeutungsvollsten Treiber des Klimawandels (Vgl. Gössling 2011, S. 94ff.).

Die Massenfreizeit als Herausforderung

Die Freizeit wird für Erwerbstätige insgesamt noch zunehmen, vor allem durch zusätzliche freie Tage und durch längere, zum Teil unbezahlte Urlaube. Es scheint, dass unsere Gesellschaft nebst dem Massenwohlstand und dem Massentourismus auch von einer Art Massenfreizeit geprägt wird. Freizeit wird für immer mehr Menschen zur süchtigen Medienzeit, zur fortgesetzten Konsumzeit im Sinne von Shopping, Kino, Essengehen, zur nimmermüden Aktivzeit oder zur hektischen Mobilitätszeit. Nur wenigen gelingt es, Freizeit vermehrt auch als Sozialzeit, als Kultur- und Bildungszeit oder als Musse zu verstehen.

Zwischenruf

Klimaterror

«Treibhauseffekt zerstört längerfristig ein Viertel aller Schweizer Skigebiete – 2,5 Milliarden Mark weniger Wintertourismuseinnahmen pro Jahr prognostiziert». So das Magazin National Geographic. Oder Der Bund titelte das Fazit einer Tagung des Nationalfonds mit: «Ohne Gegensteuer geht's in den Kollaps».

Die Häufung der Horrormeldungen schreckt auf. Es ist zu befürchten, dass sie genau das Gegenteil bewirken, dass sie abstumpfen, dass sie vermehrt ignoriert werden und dass damit dem Thema die Ernsthaftigkeit genommen wird. Peter Sloterdijk, der deutsche Philosoph, spricht von der zunehmenden Katastrophenmüdigkeit.

Die Psychologie hat dafür auch eine Erklärung: die Dissonanztheorie. Sie besagt stark verkürzt, dass Menschen grundsätzlich bereit seien, das Soll, also ihre Ziele, dem Ist, also den veränderten Herausforderungen anzupassen. Wenn jedoch zwischen Ist und Soll über längere Zeit eine grosse Dissonanz bestehe, also eine Abweichung, sei es durch Zielsetzungen, die unerreichbar oder durch mühsame Anstrengungen, die nicht zielführend sind, so neige der Mensch dazu, diese Dissonanz abzubauen. Das Soll wird ganz einfach dem Ist angepasst.

Im Zusammenhang mit dem Treibhauseffekt wäre es fatal, wenn durch Horrormeldungen die Ernsthaftigkeit dieser Herausforderung vermindert würde. Denn Klimaexperten sind sich mindestens in zwei Punkten weitestgehend einig: Erstens, dass ein überwiegender Beitrag zum veränderten Treibhauseffekt menschgemacht ist und zweitens, dass dies zu vermehrten Wetterturbulenzen führen wird: Extremereignisse durch Niederschlag, Trockenheit, Wärme, Kälte oder Stürme werden zunehmen. Lothar, Überschwemmungen, Lawinenwinter, Hitzesommer lassen grüssen. Horrormeldungen?

(Hansruedi Müller, in: Hotel- und Tourismus-Revue)

4.2   Veränderungen von Lebensstilen und Reiseverhalten

Lebensstil-Trends

Romeiss-Stracke (1989, S. 28f.) hat in einer Untersuchung vier bezüglich ihrer Lebensstile grundsätzlich verschiedene Gästegruppen mit entsprechenden Freizeit- und Urlaubsverhaltensmustern herausgefiltert und deren zukünftige Entwicklung wie folgt analysiert:

- *Die aktiven Geniesser:* Golf spielen, segeln, Tennis, reiten, Squash, Krafttraining, Sauna, einkaufen, gut-essen-gehen, Top-Unterhaltung, Kontakte, sehen und gesehen werden, flirten, lieben, Kurzreisen. Trend: leicht steigend.
- *Die Trendsensiblen:* Natur- und Kulturerfahrung, New Age, Psychotrip, Selbsterfahrung, Abenteuer und Grenzerleben, aussteigen auf Zeit, Körperbewusstsein, gesunde Ernährung, Gruppenerlebnis, Langzeiturlaub. Trend: stark zunehmend.
- *Die Familiären:* spazieren, baden, Ball spielen, Rad fahren, Boot fahren, Besichtigungen, Führungen, leichte und ungezwungene Bewegung in der Gruppe, Ausflüge, gemeinsame ‹grosse Ferien›. Trend: stagnierend bis leicht abnehmend.
- *Die Nur-Erholer:* schlafen, gut und schmackhaft essen, spazieren fahren, sonnen, baden, nett behandelt werden, nette Leute treffen, etwas für die Gesundheit tun, Zweiwochenurlaub. Trend: stark abnehmend.

Reisetrends

Die Turbulenzen im näheren und weiteren Umfeld des Freizeitmenschen prägen auch sein Reiseverhalten. Die Urlaubswelt der Zukunft kann wie folgt umschrieben werden (vgl. Opaschowski 2001, S. 180):

- Naturtourismus: Natur pur
- Wellnesstourismus: Wohlgefühl rundum
- Ferntourismus: Weite, Wärme und Exotik
- Städtetourismus: Highlights für Kurzurlauber
- Themenparktourismus: Die perfekte Illusion
- Kreuzfahrttourismus: Erlebnisreisen auf dem Wasser
- Eventtourismus: Dabeisein ist alles!

Daraus lassen sich zehn Trends ableiten, die das Reise- und Buchungs-
verhalten des modernen Freizeitmenschen bestimmen werden:

1. *Trend zur Individualisierung:* Gesucht werden flexiblere Reiseangebote für unabhängiges Reisen nach eigenen Vorstellungen.
2. *Trend zu Sicherheit und hohem Anspruch:* Gesucht werden (ver-
   meintlich) sichere Reisen, die Kultur und Bildung vermitteln. Sowohl rein passive Erholung wie hyperaktiver Sport sind out.
3. *Trend zum Erlebnis:* Gesucht werden Angebote mit intensiven Erleb-
   nissen und viel Abwechslung. Opaschowski (2000a) spricht von einem «kalkulierten Wahnsinn».
4. *Trend zu mehr Wohlbefinden in den Ferien:* Gesucht werden Reiseformen, die den überreizten Menschen ganzheitlich beseelen.
   Wellnessangebote mit gesunder Ernährung, körperlicher Bewegung, Schönheitspflege, vielfältigsten Therapieformen und viel Erholung haben Zukunft.
5. *Trend zur behaglichen Umgebung:* Gesucht werden Destinationen
   und Ferienunterkünfte mit Atmosphäre und hohem Komfort, quasi
   als heimische Rückzugsnischen.
6. *Trend zu Wärme in der Ferne:* Gesucht werden Reiseziele mit Son-
   nengarantie, insbesondere im nasskalten und nebelbehangenen
   Winter.
7. *Trend zu billigeren Reisen:* Gesucht werden preisgünstige Angebote,
   die es erlauben, mehrfach zu verreisen. Als Drahtzieher gelten
   Überkapazitäten und Internet.
8. *Trend zu häufigeren und kürzeren Reisen:* Gesucht werden Reiseangebote, die zwischendurch Abwechslung schaffen.
9. *Trend zu spontanen Reiseentscheiden:* Gesucht werden Angebote mit
   Überraschungseffekt, die in letzter Minute gebucht werden können.
10. *Trend zu mobilerem Reiseverhalten:* Gesucht werden Reiseangebote
    mit Unterwegssein als Hauptattraktion.

Lohmann/Aderhold (2010) haben aufgrund langjähriger Marktfor-
schungen im Rahmen der Deutschen Reiseanalyse die aktuellen Haupt-
trends der Tourismusnachfrage wie folgt beschrieben:

• *Demographischer Wandel:* neue Zielgruppengewichte
• *Motive:* gleichbleibende Grundbedürfnisse, differenzierte und höhere Ansprüche an die Realisierung

- *Reisevolumen:* stabil mit Wachstumspotenzial und Risiken
- *Reiseziele:* klare Positionen bei den Grossregionen, aber auch Spielraum für Länder/Destinationen
- *Information und Entscheidung:* neue Strategien
- *Vertrieb:* wichtige Rolle der Profis
- *Reiseformen:* mehr in eine Reise packen und Differenzierung
- *Dauer:* immer kürzer, aber das immer langsamer
- *Saisonalität:* rückläufig
- *Ausgaben:* mehr fürs gleiche Geld
- *Urlaubswohnen:* Mehr Qualität
- *Verkehrsmittel:* Stabilität mit Risiken

Als langfristige Megatrends gelten: (Vgl. nachfolgende Abbildung)

Abbildung 32:   Megatrends im Tourismus
Fig. VI.3-1

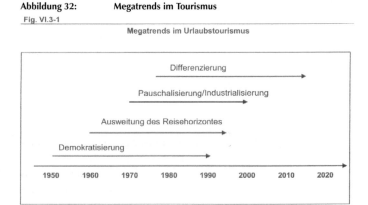

Megatrends im Urlaubstourismus

FUR

Quelle: Lohmann/Aderhold: Urlaubsreisetrends 2020, Kiel 2009, S. 194

Der anhaltende Boom der Fernreisen wurde auch in einer Delphi-Studie, die in Deutschland, Österreich und der Schweiz durchgeführt wurde, in Zahlen gefasst: Die jährlichen Wachstumsraten des Ferntourismus liegen mit 4,5% bis 5% weit über denjenigen des Binnentourismus von 0,5% bis 1% (Vielhaber/Müller et al. 1997).

Diese Beschreibung der touristischen Zukunft verdeutlicht, dass sich einige Konflikte noch zuspitzen werden, insbesondere
- der wachsende Druck auf die letzten natürlichen Reservate,
- die grösser werdenden Reisedistanzen und damit der zunehmende Energieverbrauch mit seinen gravierenden Folgen,
- der anhaltende «Exotismus» mit seinen kulturellen und gesundheitlichen Gefahren für Reisende und Bereiste,
- die zunehmende Gefahr, dass Ferien zum Fast-Food-Artikel der Wegwerfgesellschaft verkommen.

Vieles deutet darauf hin, dass die Grenzen des touristischen Wachstums in den Industrieländern zwar noch nicht erreicht, aber in Sicht sind.

4.3   Unterschiedliche Positionen der Tourismuskritik

Tourismuskritik

Die Kritik am Tourismus ist so alt wie der Tourismus selbst. Der aktuelle Stand der Tourismuskritik kann mit folgenden sieben Feststellungen umrissen werden:

1.   Die Tourismuskritik steckt in einer Orientierungskrise

Die Tourismuskritik kann zeitlich und inhaltlich in die folgenden fünf Grundströmungen unterteilt werden:
- Die *elitäre oder schwarze Tourismuskritik* wendet sich gegen den Tourismus breiter Bevölkerungsschichten (Vgl. Nebel 1950).
- Die *ideologische oder rote Tourismuskritik* stellt den Tourismus als Flucht aus dem industriellen Alltag dar (Vgl. Enzensberger 1958, Wagner 1978).
- Die *ökologische oder grüne Tourismuskritik* konzentriert sich auf die direkten und indirekten Auswirkungen des Tourismus auf die natürliche Umwelt (Vgl. Krippendorf 1975, Weiss 1981, Müller 2007, Gössling 2011).
- Die *Kritik am Ferntourismus* kritisiert den Tourismus mit seinen vielfältigen Auswirkungen als neue Form des Kolonialismus (Vgl. Renschler 1985, Maurer et al. 1992, Vorlaufer 1996, www.fairunterwegs.ch).
- Die *Kritik der Bereisten* bringt das Unbehagen vor allem gegenüber der rasanten quantitativen touristischen Entwicklung aus der Sicht der

Zielgebiete zum Ausdruck (Vgl. Krippendorf 1984, S. 128f., Mäder 1985, S.103f., Huber et al. 1990, S. 13f., Ferrante 1994, 217f.). Es scheint, dass mit diesen fünf Grundströmungen der Tourismuskritik alle zu kritisierenden Aspekte aufgezeigt wurden. Auch wenn bestimmte Anliegen nicht oft genug vorgebracht werden können, darf sich die Tourismuskritik nicht in Wiederholungen erschöpfen. Sie muss sich neu orientieren.

**2. *Die Touristiker haben die Kritik gehört und gelernt,
mit ihr umzugehen***

Reiseveranstalter und touristische Anbieter in den Zielgebieten mussten sich – wohl oder übel – im Verlaufe der Zeit mit allen Schattierungen der Tourismuskritik auseinandersetzen. In dieser Auseinandersetzung wurden beidseitig rein ideologisch geprägte Standpunkte entlarvt und Einsichten gewonnen. Auch wenn man sich heute noch oft auf Gemeinplätzen bewegt, darf behauptet werden, dass viele Touristiker ihre ursprünglich abwehrende Haltung gegenüber der Tourismuskritik abgelegt haben. Sie stellen sich der Kritik, akzeptieren sie in einzelnen Punkten, suchen aktiv eine Zusammenarbeit mit Kritikern, verlangen konstruktive Verbesserungsvorschläge.

3. *Die Tourismuskritiker haben sich als fleissige Berater etabliert*

Die offener und konstruktiver gewordene Auseinandersetzung mit der Tourismuskritik hat dazu geführt, dass die Tourismuskritiker immer mehr mit der Tourismusbranche zusammenarbeiten, vorerst als Produzenten von kritischem Prospektmaterial, dann als Lehrkräfte in der Aus- und Weiterbildung und schliesslich als Berater in einzelnen Unternehmensbereichen. So eröffnete sich ein breites Profilierungsfeld für anpassungsfähige Tourismuskritiker, auch für solche, die müde geworden sind.

4. *Die kritisierten Tatbestände haben sich als neue Profilierungsfelder für Touristiker entpuppt*

Im Verlaufe der Angleichungsprozesse unter den touristischen Anbietern haben sensible Unternehmer jüngstens auch gemerkt, dass die Tourismuskritik neue Profilierungsfelder bietet. Ein Nachhaltigkeits-Image als Reiseveranstalter oder Hotelier, als Ferienort oder Tourismusverband bringt viel Anerkennung und erhöhte Absatzchancen. ‹Ethik rentiert›. Es darf deshalb nicht erstaunen, dass Umwelt- oder CSR-Beauftragte in der Öffentlichkeit bestens bekannt sind. Ihre Auftritte in den Medien und an Veranstaltungen sind beste Werbung.

5. Die Tourismuskritiker müssen ihre eigenen Werthaltungen reflektieren und offenlegen

Wenn die Tourismuskritiker wieder vermehrt ernst genommen werden möchten – und dies wäre zu hoffen –, so müssen sie ihre eigenen Werthaltungen und Standpunkte offenlegen. Blosse Ideologien haben ebenso ausgedient wie reine Schlagworte wie ‹Sanfter Tourismus› oder ‹Nachhaltigkeit›. Vor allem die grüne Tourismuskritik muss zu einem ethischen Diskurs finden, denn im Zusammenhang mit dem Klimawandel ist die Auseinandersetzung mit der Ökologie nochmals etwas anspruchsvoller geworden.

6. Die Touristiker müssen den Aussagen Taten folgen lassen

Die Antworten der touristischen Anbieter auf die Tourismuskritik tönen zwar verständnisvoll und – weil aus PR-geschultem Mund – oft auch überzeugend, doch sind sie bis anhin weitgehend im Aussagebereich stecken geblieben. An den Taten, nicht nur an den Worten, sollte man zukünftig erkennen, ob die ernstzunehmende Tourismuskritik ernst genommen worden ist und ob daraus einsichtige Handlungsweisen entstanden sind.

7. Die Tourismuskritik muss vermehrt die Glaubwürdigkeit der Aussagen der Touristiker überprüfen

Damit hat sich ein neues Aufgabenfeld für Tourismuskritiker eröffnet, nämlich darauf zu achten, ob die Aussagen und Versprechungen der touristischen Anbieter einerseits glaubwürdig sind und andererseits ein überzeugender Wille besteht, sie nachhaltig umzusetzen. Eine äusserst schwierige Aufgabe.

4.4   Sanfter Tourismus

Der Begriff Sanfter Tourismus wurde bereits 1977 von Baumgartner (1977) verwendet. Als Vorreiter des Sanften Tourismus gilt jedoch der Futurologe Jungk (1980): Mit seiner Gegenüberstellung der touristischen Verhaltensweisen in ‹Hartes Reisen – Sanftes Reisen› nahm er die hauptsächlichen Kritikpunkte, die im engen Fachkreis bereits Mitte der 70er-Jahre diskutiert wurde (vgl. Krippendorf 1975) auf und begründete eine neue touristische Philosophie. Diese liegt auch dem Schweizerischen Tourismuskonzept 1979 mit seinem ganzheitlichen, d.h. auf gesellschaftliche, wirtschaftliche und ökologische Aspekte ausgerichteten Zielsystem zugrunde (vgl. Kap. 3.4). Zu einer Intensivierung der Fachdiskussion zum Themenkreis ‹Sanfter Tourismus› ist es aber erst in den 80er-Jahren gekommen, vor allem als Folge des zunehmenden Unbehagens gegenüber der rasanten quantitativen Tourismusentwicklung und der damit verbundenen Verunsicherung in verschiedenen Kreisen, gerade auch bei der Bevölkerung in den touristischen Zielgebieten (vgl. Kirstges 1995, S. 10f.).

Begriff und Zielsetzungen

Der Begriff Sanfter Tourismus ist oft missverstanden worden. Noch heute dominiert in breiten Kreisen diesbezüglich die Vorstellung vom körnerpickenden Alternativtouristen, der mit seinem grünen Rucksack durch die Wälder streift. Hinter der Idee des sanften, harmonisierten oder auch angepassten Tourismus steckt aber ein weit umfassenderes Begriffsverständnis: Mit dem Begriff Sanfter Tourismus wird eine eigentliche Bewegung im Sinne einer neuen touristischen Geisteshaltung oder Ethik verstanden. Im Unterschied zur bisherigen harten Tourismusentwicklung nach vorwiegend wirtschaftlichen und technischen Zweckmässigkeiten beinhaltet die Idee einer sanften Tourismusentwicklung den gleichgewichtigen Einbezug der Forderungen nach wirtschaftlicher Ergiebigkeit, nach intakter Umwelt sowie nach Berücksichtigung der Bedürfnisse aller beteiligten Menschen, insbesondere auch der einheimischen Bevölkerung.

Der anzustrebende Zustand ist jener einer Tourismusentwicklung im Gleichgewicht: Vier Zielbereiche – intakte Landschaft, intakte Soziokultur der Einheimischen, optimale Erholung der Gäste und wirtschaftliche Wertschöpfung – stehen gleichberechtigt nebeneinander. Umwelt- und sozialverantwortlicher oder sanfter Tourismus heisst, dieses ‹magische Viereck› zu harmonisieren und in dem Sinne zu optimieren, dass bei möglichst geringen negativen Auswirkungen (insbesondere auf die Landschaft) die positiven Beziehungen zwischen allen Grössen maximiert werden. Gegenüber dem heutigen Zustand bedeutet dieses Konzept vor allem eine Aufwertung der Umweltaspekte und eine relative Abwertung der rein wirtschaftlichen Interessen.

Thesen für eine sanfte Tourismusentwicklung

Im Verlaufe der letzten Jahre wurden anlässlich von Tagungen und Kongressen sowie in verschiedenen wissenschaftlichen Publikationen zahlreiche Forderungskataloge formuliert, wie ein anderer, ein umwelt- und sozialverantwortlicher, ein sanfter Tourismus aussehen müsste (Vgl. hierzu Krippendorf 1975, S. 84f., Krippendorf 1984, S. 176f., Krippendorf et al. 1986, S. 80f., CIPRA 1984, Bierenwang 1985, Toblach 1985). Nachfolgend sei der Thesenkatalog der Arbeitsgemeinschaft «Tourismus mit Einsicht» wiedergegeben (TmE 1991). Die zehn Thesen für einen sozial- und umweltverantwortlichen Tourismus, die sich an die Verantwortlichen in Tourismusgebieten richten, geben etwa das wieder, was damals unter ‹Sanfter touristischer Entwicklung› verstanden wurde:

Wir als Verantwortliche in Tourismusgebieten

1. Wir wollen die touristische Entwicklung selbst kontrollieren und aktiv steuern, damit unsere Heimat als Lebens-, Wirtschafts- und Naturraum erhalten bleibt.

2. Selbstbestimmte Tourismusentwicklung bedeutet für uns, dass die einheimische Bevölkerung vor Ort bei allen wichtigen Angelegenheiten mitentscheidet und mitbeteiligt wird: Tourismusentwicklung von, mit und für die örtliche Bevölkerung.

3. Wir streben gleichermassen eine wirtschaftlich ergiebige, sozialverantwortliche und umweltverträgliche Tourismusentwicklung an.

4. Wir legen die touristischen Ausbauziele in unseren Orten verbindlich fest und beschränken uns dabei auf das Wünschbare, nicht auf das Machbare. Wir nehmen dabei auch zeitweilige Engpässe bewusst in Kauf.

5. Wir wollen die Kontrolle über unseren Grund und Boden behalten. Zu diesem Zweck betreiben wir eine aktive Raumordnungs- und Bodenpolitik, beschränken unser Baugebiet, verzichten auf den Bodenverkauf an Auswärtige und setzen uns für eine vorrangige Nutzung der bestehenden Bausubstanz ein.
6. Wir verfolgen eine zurückhaltende Erschliessungspolitik. Wir wollen insbesondere beim Bau neuer oder bei der Erweiterung bestehender Infrastrukturanlagen und bei touristischen Transporteinrichtungen vorsichtig sein und die Ausbauziele strikt beachten.
7. Wir wollen die Natur und Landschaft wirksam schützen. Neben dem haushälterischen Umgang mit dem Boden und der zurückhaltenden Erschliessung errichten wir auch grossräumige Schutzzonen, die besonders wertvolle Landschaften bewahren sollen.
8. Wir wollen der Gefahr einer einseitigen Wirtschaftsentwicklung und einer zu starken Abhängigkeit vom Tourismus begegnen. Wir setzen uns für eine Stärkung der Landwirtschaft und des Kleingewerbes und für eine Verbesserung der Partnerschaft mit dem Tourismus ein.
9. Wir wollen die Tourismusentwicklung konsequent auf die natürliche und kulturelle Eigenart unserer Region ausrichten. Wir wollen, dass unsere einheimische Kultur eigenständig und lebendig bleibt. Wir pflegen und fördern unsere Architektur, unser Handwerk, unsere Kunst, unsere Sprache, unsere Bräuche, unsere Gastronomie.
10. Wir wollen alle Betroffenen – die einheimische Bevölkerung, die Tourismus-Unternehmer, die Politiker und die Touristen – laufend informieren und sie für ein sozial- und umweltverantwortliches Verhalten gewinnen.

4.5   Qualitatives Wachstum

In den 80er-Jahren stand die Vision eines ‹Qualitativen Wachstums› im Zentrum. Es wird etwas umständlich umschrieben als jede Zunahme der Lebensqualität, das heisst des wirtschaftlichen Wohlstandes und des subjektiven Wohlbefindens, die mit geringerem Einsatz an nicht vermehrbaren Ressourcen sowie abnehmenden Belastungen der Umwelt und der Menschen erzielt wird (Vgl. Krippendorf/Müller 1984, S. 73).

Beim qualitativen Wachstum geht es also um die Suche nach einer möglichst günstigen Zusammensetzung wichtiger touristischer Angebote in der Destination, bei der die Belastung des Naturhaushaltes erträglich bleibt, das wirtschaftliche Einkommen gesichert wird und bei der gleichzeitig möglichst geringe soziale Spannungen und kulturelle Konflikte entstehen. Die Diskussion um das qualitative Wachstum wurde in den 90er-Jahren von der Debatte um eine nachhaltige Entwicklung abgelöst.

4.6   Nachhaltige touristische Entwicklung

Generelles Verständnis von Nachhaltigkeit

Im Zusammenhang mit umweltorientiertem Handeln wird heute oft von einer nachhaltigen Entwicklung gesprochen. Nachhaltigkeit ist ein in der Forstwirtschaft des 19. Jahrhunderts entwickelter Begriff. Darunter wurde verstanden, dass pro Zeiteinheit nur so viel Holz geschlagen werden darf, wie insgesamt wieder nachwächst – quantitativ und qualitativ. Der Begriff der Nachhaltigkeit wurde auf andere Ressourcenbereiche übertragen und erlebte insbesondere in der Folge des Umweltgipfels von Rio 1992 eine Renaissance. Im sogenannten Brundtlandbericht der UNO wird eine nachhaltige Entwicklung wie folgt beschrieben: «Sustainable development is development that meets the needs of the present without compromising the ability of future generations to meet their own needs».

Etwas anschaulicher hat es Holzinger (1999) übersetzt: «Nachhaltigkeit bedeutet die Wahl von Lebens- und Wirtschaftsweisen, die von allen Erdenbürger/innen beansprucht werden können ohne das globale Ökosystem zu zerstören und die sicherstellen, dass auch spätere Generationen noch über intakte Lebensgrundlagen verfügen.» Er weist darauf hin, dass Nachhaltigkeit daher ein ganzheitliches Verständnis von Umsteuerung erfordert, das ökologische, wirtschaftliche, soziale, politische und kulturelle Aspekte umfasst und das bei Veränderungen in unseren Wohlstandsländern ansetzt.

Harte und weiche Nachhaltigkeit

In der Wissenschaft wird zwischen harter/starker und weicher/schwacher Nachhaltigkeit unterschieden. Bei der *weichen Nachhaltigkeit* wird davon ausgegangen, dass Natur durch Kapital ersetzt und letztlich alles auf die Frage der Energieeffizienz reduziert werden kann. Bei der *harten* (oder auch starken resp. konsequenten) *Nachhaltigkeit* lässt sich Natur nicht ersetzen, regionale Belastungsgrenzen resp. natürliche Knappheiten sind zu respektieren.

Der Synthesebericht des Schwerpunktprogramms Umwelt Schweiz mit dem Titel ‹Vision Lebensqualität› unterscheidet zwei wesentliche Strategietypen der starken Nachhaltigkeit (Häberli etal. 2002, S. 34f.):

• Strategien des technischen Fortschritts:
  • Ökologische Effizienz-Strategien: z.B. Wirkungsgrad von Maschinen erhöhen,
  • Substitutions-Strategien: z.B. Erdöl durch Biomassennutzung oder Sonnenenergie ersetzen.
• Strategien des sozio-kulturellen Fortschritts:
  • Strategien der Sparsamkeit und der Suffizienz: z.B. sich auf eine maximale Anzahl Flüge pro Jahr beschränken,
  • Strategien der Prozess- und Lernorientierung: z.B. ständiger Diskurs über den Inhalt von Nachhaltigkeit führen.

Daly (1999) weist in seinem Buch ‹Wirtschaft jenseits von Wachstum› auf das Dilemma bezüglich der nicht erneuerbaren Ressourcen hin und deutet die Handlungskonsequenzen an, wenn er schreibt: «Obwohl wir in nicht erneuerbare Ressourcen nicht investieren können, können wir deren Ausschöpfung so organisieren, dass wir die direkten, passiven Investitionen in erneuerbare Ressourcen erhöhen und die indirekten, aktiven Investitionen in Massnahmen zur Erhöhung der Durchlaufproduktivität, die das ‹Warten› leichter machen.» (Daly 1999, S. 120).

Nachhaltige Entwicklung heisst, die ökologisch-ökonomische Gesamteffizienz zu steigern. Sie lässt sich durch das folgende Verhältnis darstellen:

• Gewonnene Leistungen des von Menschen produzierten Kapitals (MPK)
• Aufgegebene Leistungen des natürlichen Kapitals (NK)

Gemäss Daly dürfte von einer nachhaltigen touristischen Entwicklung nur gesprochen werden, wenn pro zusätzlichen Wertschöpfungs-Franken resp. -Euro (oder einfacher pro zusätzliche Logiernacht) weniger Umweltbelastungen entstehen (resp. Energie verbraucht wird) als bisher. Etwas einfacher und populärer haben Krippendorf/Müller (1986, S. 73) die nachhaltige Entwicklung (damals noch unter dem Begriff des «Qualitativen Wachstums») umschrieben als jene Zunahme der Lebensqualität – das heisst des wirtschaftlichen Wohlstandes und des subjektiven Wohlbefindens –, die mit geringerem Einsatz an nicht vermehrbaren Ressourcen sowie einer abnehmenden Belastung der Umwelt und der Menschen erzielt wird.

Die World Tourism Organization umschreibt einen Nachhaltigen Tourismus «as a form of tourism which improves the quality of life of host communities, provides high-quality experience for the visitors and maintains the quality of the environment on which both the host community and visitors depend.» (WTO 1993). Diese Definition ist insofern problematisch, weil von einer nachhaltigen Tourismusform und nicht von einer nachhaltigen touristischen Entwicklung ausgegangen wird. Deshalb schlagen wir die folgende Definition vor:

Unter nachhaltiger Entwicklung wird jener Zuwachs der Lebensqualität – das heisst des wirtschaftlichen Wohlstandes und des subjektiven Wohlbefindens – verstanden, die mit geringerem Einsatz an nicht vermehrbaren Ressourcen sowie einer abnehmenden Belastung der Umwelt und der Menschen erzielt wird, mit dem Ziel, die Optionen zukünftiger Generationen nicht zu beschneiden.

Die Fünfeck-Pyramide einer nachhaltigen touristischen Entwicklung

Im Zentrum einer nachhaltigen touristischen Entwicklung steht eine magische Fünfeck-Pyramide. Die Eckpunkte des Zielsystems sind (Müller 1993):

- *Wirtschaftlicher Wohlstand:* Einkommen, Wertschöpfung, Abbau von unerwünschten Disparitäten etc.
- *Subjektives Wohlbefinden:* Selbstverantwortung und -verwirklichung, kulturelle Identität, Anpassungsfähigkeit etc.
- Wirtschaftlicher Wohlstand und subjektives Wohlbefinden sind die beiden Eckwerte der Lebensqualität.

- *Gästebedürfnisse:* Optimale Befriedigung vielfältiger Gästebedürfnisse resp. Gästeerwartungen, Gästesegmentierung etc. Die optimale Erfüllung der Gästeerwartungen ist das Minimalverständnis des Marketings und des Qualitätsmanagements sowie Voraussetzung für den wirtschaftlicher Wohlstand.
- *Intakte Natur:* Ressourcenschutz, natürliche Vielfalt, Landschaftsbild, Berücksichtigung von Belastungsgrenzen etc.
- *Intakte Kultur:* Vielfalt des kulturellen Schaffens, Kulturgüterschutz, Netzwerke etc.

Diese fünf Dimensionen stehen in einer wechselseitigen Abhängigkeit, bedingen einander und beeinflussen sich gegenseitig. Sie entsprechen auch den Dimensionen des qualitativen Wachstums. In der Nachhaltigkeitsdiskussion neu dazugekommen ist der Generationenvertrag. Man spricht deshalb auch von der ‹Enkelverträglichkeit›:

- *Zukünftige Generationen:* Gestaltungsrecht resp. Beibehaltung der Handlungsoptionen zukünftiger Generationen im Sinne eines Generationenvertrags.

Um langfristig die touristische Prosperität sicherzustellen, müssen sich die touristischen Produktionskosten quantitativ und qualitativ an den Wertsteigerungen sowie am Anpassungsvermögen von Natur und Kultur orientieren.

Mit dem Begriff der Nachhaltigkeit proben seit 1992 Regierungen die Quadratur des Kreisels. Man möchte die Ziele der ökologischen Stabilität, der sozialen Gerechtigkeit und der wirtschaftlichen Prosperität miteinander versöhnen. «Doch nachhaltig ist nur der Widerspruch», meinte einmal Guggenbühl (2002, S.1). Das schwammige Wort ‹Nachhaltigkeit› habe die Fronten zwischen Umweltschützern und Wirtschaftspromotoren zwar aufgeweicht, die Probleme aber nicht entschärft.

Wöhler (2001, S.40) plädiert deshalb für ein offenes Konzept, das ein Akteurnetzwerk hervorbringt. Diese Akteure sollen nicht nur die Vielfalt der Tourismusanbieter und deren Faktorlieferanten umfassen, sondern auch die Touristen. Damit sei es mehr als fraglich, ob sich angesichts der Interessengegensätze die Nachhaltigkeitsziele durchsetzen lassen. «Statt ‹Interessenbildung› wäre wohl eher ‹Normenbildung› angezeigt.» (Wöhler 2001, S.40).

Abbildung 33: **Magische Fünfeck-Pyramide einer nachhaltigen touristischen Entwicklung**

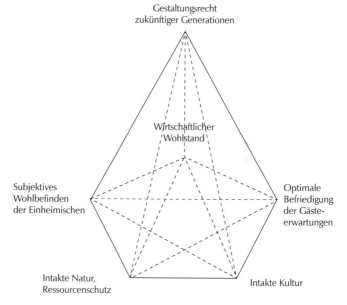

Quelle: Müller, HR.: Nachhaltigkeit im Tourismus – auf der Suche nach einer neuen Tourismusethik, Bern 1993, S. 13

4.7 Politische Commitments für eine nachhaltige touristische Entwicklung

Agenda 21

An der UN-Erdgipfelkonferenz ‹Environment and Development› in Rio 1992 wurde mit der Agenda 21 ein umfassendes Massnahmenprogramm verabschiedet, das von 182 Staaten ratifiziert wurde. Fünf Jahre nach dem Umweltgipfel fand 1997 eine Nachfolge-Konferenz in New York statt, an der erstmals auch die Umweltverträglichkeit des Tourismus auf der Tagesordnung stand.

Auf der 7. Nachfolgekonferenz der Kommission für nachhaltige Entwicklung (CSD) 1999 in New York wurde der Tourismus als Schwerpunkt gewählt. Offizielle Stellen und NGO nahmen die Gelegenheit wahr, um Grundsätze, Forderungen und Aktionsprogramme aufzustellen, die sich primär gegen Missbräuche richteten und zu einem ‹Global Code of Ethics for Tourism› führen soll.

Leitsätze Tourismus Rio+10

Die Arbeitsgemeinschaft für nachhaltige Tourismus-Entwicklung (DANTE 2002) hat unter dem Titel ‹Rote Karte für den Tourismus?› zehn Leitsätze ‹Rio+10› zur Diskussion gestellt:

1. *Armut/Entwicklung:* Tourismus muss einen Beitrag zur Überwindung der Armut leisten – soziale Gerechtigkeit, Umweltgerechtigkeit und die Beteiligung der Menschen in touristischen Zielgebieten sind die Voraussetzungen dafür.
2. *Klima – Verkehr/Energie:* Raus aus dem Stau, weg vom Jetlag, hin zur Mobilität für alle!
3. *Land – Boden/Ernährung:* Unser Urlaubsort – Ihr Zuhause!
4. *Biodiversität:* Tourismus lebt von der Vielfalt der Natur und der Kulturlandschaften der Welt – er muss zu ihrer Erhaltung beitragen.
5. *Wasser:* Das kühle Nass ist unterwegs noch kostbarer als zu Hause.
6. *Menschenwürde – Geschlechtergerechtigkeit:* Frauen und Kinder benötigen Schutz und ‹Empowerment›, damit sie im Tourismus nicht das Nachsehen haben.
7. *Partizipation der Zivilgesellschaft:* Alle gesellschaftlichen Akteure, gerade auch benachteiligte Bevölkerungsgruppen und Minderheiten, müssen über Tourismus entscheiden können und am Ertrag teilhaben.
8. *Konsum und Lebensstil:* Reise- und Freizeitverhalten umwelt- und menschengerecht gestalten.
9. *Internationale Wirtschafts- und Handelspolitik:* Fairer Handel – auch im Tourismus!
10. *Kohärente Politik:* Politischer Wille zur Einhaltung der Menschenrechte und zu einem kohärenten Interessenausgleich zwischen Umwelt, Wirtschaft und Gesellschaft ist auf allen Ebenen unabdingbar, damit künftige Generationen überall in Würde leben, Freizeit geniessen und reisen können.

Charta für einen verträglichen Tourismus

Ein weiteres Dokument, das auch in der Folge des Umwelt-Erdgipfels von Rio entstand, ist die Charta für einen umweltverträglichen Tourismus. Diese wurde 1995 an der World Conference Sustainable Tourism auf Lanzarote ausgearbeitet und verabschiedet. Sie hält in 18 Punkten fest, was man heute als ‹konsensfähige Theorie einer nachhaltigen touristischen Entwicklung› bezeichnen könnte. Die Charta für einen verträglichen Tourismus

- ist geleitet von den Grundsätzen der Erklärung von Rio über Umwelt und Entwicklung und den Empfehlungen der Agenda 21,
- erinnert an Erklärungen auf dem Gebiet des Tourismus, wie die Erklärung von Manila über den Welttourismus, die Erklärung von Den Haag, die Tourismus-Charta und den Tourismus-Kodex, sowie die in der Erklärung über die Menschenrechte künftiger Generationen festgeschriebenen Grundsätze,
- anerkennt die Zielsetzungen, einen Tourismus zu entwickeln, der die wirtschaftlichen Erwartungen und Umwelterfordernisse erfüllt und nicht nur die soziale und physische Struktur des jeweiligen Standortes, sondern auch die ortsansässige Bevölkerung achtet,
- appelliert an die internationale Völkergemeinschaft und fordert vor allem die Regierungen, andere staatliche Stellen, Entscheidungsträger und Experten im Bereich des Tourismus, mit dem Tourismus befasste staatliche und private Organisationen und Institutionen sowie die Touristen selbst nachdrücklich auf, sich die Grundsätze und Zielsetzungen zu eigen zu machen.

Alpenkonvention

Die Alpen sind seit Langem Gegenstand vieler nationaler Schutzbestimmungen. Mitte der achtziger Jahre reifte die Einsicht, dass bei den vielen internationalen Verflechtungen im Alpenraum ein wirksamer Schutz der Alpen nur mit einer grenzüberschreitenden Zusammenarbeit zu erreichen ist. Wichtige Rollen beim Zustandekommen der Alpenkonvention spielten das Europa-Parlament, die Internationale Alpenschutzkommission (CIPRA) und die Arbeitsgemeinschaft der zentralen Alpenländer (Arge Alp) (CIPRA 1998, S. 374). Die verschiedenen Protokolle der Alpenkonvention (u.a. Tourismusprotokoll) kommen dem Anspruch an eine nachhaltige Entwicklung nahe.

Global Code of Ethics (GCE)

Die Welt Tourismus Organisation WTO hat im Jahr 2000 einen Globalen Ethikkodex für den Tourismus verabschiedet. Nachfolgend eine Zusammenfassung:

Präambel GCE

- Tourismus trägt zur wirtschaftlichen Entwicklung, zur internationalen Verständigung, zu Frieden, Wohlstand und zur allgemeinen Achtung und Einhaltung der Menschenrechte und Grundfreiheiten aller Menschen bei,
- Umweltschutz mit wirtschaftlicher Entwicklung und Kampf gegen Armut auf nachhaltige Weise in Einklang bringen,
- Ziel der Förderung eines verantwortungsbewussten, nachhaltigen und universell zugänglichen Tourismus im Rahmen des Rechtes aller Menschen auf Nutzung ihrer freien Zeit.

GCE Art. 1: Der Beitrag des Tourismus zu gegenseitigem Verständnis und Respekt zwischen Völkern und Gesellschaften

- Förderung von Toleranz und Respekt,
- Touristen im Einklang mit Eigenheiten der Gastregionen; verhindern von Straftaten und Verpflichtung, sich mit Besonderheiten der besuchten Länder vertraut zu machen,
- Gastgeber machen sich mit Lebensstilen der Touristen vertraut,
- Behörden schützen Eigentum, Sicherheit und Gesundheit.

GCE Art. 2: Der Tourismus als möglicher Weg zu individueller und kollektiver Erfüllung

- Tourismus als privilegierter Weg zu individueller und kollektiver Erfüllung – Mittel zur Selbsterziehung,
- Fördern von Menschenrechten und von Rechten sensibler Gruppen,
- Bekämpfen von Ausbeutung von Menschen in jeder Form,
- Aufnahme des Tourismus mit Vorteilen und Gefahren in Lehrpläne.

GCE Art. 3: Der Tourismus als Faktor für eine nachhaltige Entwicklung
- Schutz der natürlichen Umwelt mit dem Ziel, ein gesundes, kontinuierliches und nachhaltiges Wirtschaftswachstum zu erreichen,
- Priorität für touristische Formen, die Ressourcen schützen,
- Staffelung von Touristenströmen,
- Schützen von Naturerbe, Ökosystemen und Artenvielfalt,
- Förderung von Natur- und Ökotourismus.

GCE Art. 4: Der Tourismus als Nutzer des Kulturerbes der Menschheit und Beitrag zu dessen Pflege
- Schutz des künstlerischen, archäologischen und kulturellen Erbes,
- Verwenden von Eintrittsgeldern für Unterhalt und Verschönerung,
- Unterstützung von althergebrachtem Kunsthandwerk und Folklore.

GCE Art. 5: Der Tourismus als Aktivität, die für das Gastland und seine Bevölkerungsgruppen förderlich ist
- Einbinden der örtlichen Bevölkerung in touristische Aktivitäten,
- Heben des Lebensstandards der Bevölkerung durch tourismuspolitische Bestrebungen,
- Besondere Aufmerksamkeit für Küstengebiete,
- Transparenz und Objektivität über künftige Pläne und Auswirkungen – fördern des Dialogs mit der Bevölkerung.

GCE Art. 6: Pflichten der an der touristischen Entwicklung beteiligten Anspruchsgruppen
- Aufbereiten von objektiven und zuverlässigen Informationen über Reisebedingungen, Gastfreundschaft und Aufenthalt,
- Pflicht zur Berichterstattung über Sicherheits-, Unfall- und Gesundheitsrisiken,
- Sicherstellen des Rücktransports bei Zahlungsunfähigkeit,
- Zuverlässige und ausgewogene Berichterstattung durch Fachmedien.

GCE Art. 7: Das Recht auf Tourismus
- Recht auf unmittelbaren und persönlichen Zugang zur Entdeckung und zum Genuss der Ressourcen für alle Bewohner der Welt in gleicher Weise,

- Universelles Recht auf Freizeit, Tourismus und Erholung, d.h. auf regelmässigen bezahlten Urlaub und Begrenzung der Arbeitszeit,
- Ausbau des Sozialtourismus mit staatlicher Unterstützung.

GCE Art. 8: Touristische Freizügigkeit
- Bewegungsfreiheit unter Beachtung des Völkerrechts und der nationalen Gesetze; ermöglichen von Reisen ohne unverhältnismässige Formalitäten oder Diskriminierung,
- Zugang zu allen verfügbaren Formen der Kommunikation,
- Vertraulichkeit über persönliche Daten und Informationen,
- Höchstmögliche Freizügigkeit bezüglich Währung.

GCE Art. 9: Die Rechte der Beschäftigten und Unternehmer in der Tourismusindustrie
- Garantie der Grundrechte der Angestellten und Selbständigen,
- Recht auf angemessene berufliche Grundausbildung und Fortbildung sowie Pflicht, diese zu erwerben,
- Angemessener sozialer Schutz,
- Freie Berufsausübung im Tourismus – Erfahrungsaustausch,
- Verzicht auf Ausnutzung von Vormachtstellungen – Solidarität bei der Entwicklung,
- Pflege von partnerschaftlichen Beziehungen.

GCE Art. 10: Umsetzung der Grundsätze des Globalen Ethikkodexes für den Tourismus
- Zusammenarbeit zwischen öffentlichen und privaten Trägern,
- Anerkennung der Rolle der int. Organisationen (WTO) und der NGO,
- ‹Weltausschuss für Tourismusethik› als unparteiisches Gremium.

4.8   Forderungen an eine nachhaltige touristische Entwicklung

Jacques de Bourbon-Busset meinte einmal, wir sollten weniger versuchen, eine wahrscheinliche Zukunft zu erraten, als vielmehr, eine wünschbare Zukunft vorzubereiten und vielleicht weiterzugehen und eine wünschbare Zukunft wahrscheinlich zu machen. Vor dem Hintergrund der skizzierten Veränderungen und Forderungen und mit dem

Ziel, eine wünschbare Zukunft wahrscheinlich zu machen, ist im Tourismus ein Entwicklungspfad zu suchen, der sich an den Prinzipien der Nachhaltigkeit, der Verantwortungsethik und der kulturellen Identität orientiert.

1. Der Tourismus muss partizipativer werden

Im Tourismus gibt es nicht nur Nutzniesser, sondern auch Betroffene von negativen externen Effekten. In hochentwickelten Tourismusregionen macht sich eine Art ‹Tourismusverdrossenheit› breit. Man spricht von einem gesunkenen Tourismusbewusstsein. Um einer solchen Abwehrhaltung präventiv entgegenzuwirken, müssen die Betroffenen zu Beteiligten werden. Und dies setzt eine partizipative Planung voraus. Der Tourismus muss aber auch unter den Tourismusorganisationen und Leistungsträgern partizipativer werden. Es sind vermehrt horizontale und vertikale Kooperation einzugehen, um Grösseneffekt (economy of scale) zu erreichen und Konfrontation abzubauen.

2. Der Tourismus muss effizienter werden

Obwohl der Tourismus vielerorts ein hohes Entwicklungsstadium erreicht hat, sind seine Strukturen oft ineffizient. Es wird mühevoll versucht, viel zu viele Marken zu profilieren, um den wachsenden Konkurrenzkampf zu bestehen. Dabei wird ignoriert, dass der Gast kaum interessiert ist an historisch gewachsenen Strukturen. Was er sucht, sind umfassende, gut koordinierte Leistungsbündel. Regionale und neigungstouristische Kooperationen sind somit zu fördern. Einzelne Orte und Tourismusvereine sind in eigentliche Destinationen im Sinne von strategischen Geschäftsfeldern zusammenzuführen (Vgl. Kap. 2.5).

3. Der Tourismus muss qualitativ besser und erlebnisreicher werden

Von einer qualitativen Tourismusentwicklung wird schon lange gesprochen. Etwas jünger ist die Diskussion um das Total Quality Management und das Erlebnis-Setting. Diese Diskussion ist sehr wichtig und passend, denn was heute landauf, landab angeboten wird, entspricht oft nicht den Gästeerwartungen. Für den anspruchsvoller werdenden Gast ist insbesondere wichtig, dass die gesamte Dienstleistungskette stimmt und eine erlebnisfördernde Atmosphäre herrscht (Vgl. Kap. 2.5, Müller 2004).

Abbildung 34:   **Qualitätshaus Tourismus**

Quelle: FIF Universität Bern, in Anlehnung an Q-Offensive Graubünden, Chur 2011

4. Der Tourismus muss umweltverträglicher werden

Die ökologischen Gefahrenherde der touristischen Entwicklung sind längstens bekannt. Es bleibt, sie ernst zu nehmen und präventiv zu versuchen, Umweltprobleme zu vermeiden. Die in den letzten Jahren entwickelten Hilfsmittel wie Nachhaltigkeitsberichte, Umweltmanagementsysteme, Umwelt-Audits, Corporate Social Responsibility-Systeme (CSR) oder Umweltbeauftragte sind einzusetzen, die Konflikte offenzulegen und nach nachhaltigen Lösungen zu suchen.

Diese Aufgabe ist deshalb sehr anspruchsvoll, weil es zwischen Tourismus und Umwelt einen Grundkonflikt gibt: die Mobilität. Durch die technische Entwicklung der Transportmittel haben sich sowohl die Mobilitätsbereitschaft wie auch die Mobilitätsleistung stark erhöht. Ursächlich ist dafür die immense Steigerung der Geschwindigkeit der Verkehrssysteme verantwortlich. Deshalb ist die Steigerung der Öko-Effizienz der eine, die Reduktion der Geschwindigkeit – die Entschleunigung also – der andere und insgesamt nachhaltigere Ansatz. Also: Auf eine Verlangsamung einwirken, innerorts Tempo 30 durchsetzen und vor allem Flanierzonen schaffen.

5. Der Tourismus muss authentischer werden

Der (Alpen-)Tourismus war während langer Zeit bekannt durch seine Pioniertaten. Die natürlichen und kulturellen Einzigartigkeiten wurden geschickt genutzt. Doch mehr und mehr werden diese gewachsenen Werte preisgegeben. Unter dem Druck der Globalisierung werden die Angebote uniformierter, Einzigartigkeiten verflachen. Insbesondere der potenzielle Gast des Alpenraums sucht jedoch das Heimische, das Unverwechselbare, das Authentische.

6. Der Tourismus muss menschlicher werden

Der Rentabilitätsdruck und das Konkurrenzdenken haben viele geprägt. Unterstützt durch Methoden wie beispielsweise das Lean-Management wurden sie zu harten, strategisch denkenden und rational handelnden Touristikern. Menschliche Qualitäten wie Gefühle, Empathie, Herzlichkeit oder Visionsvermögen wurden mehr und mehr verdrängt und kaum genährt und entwickelt. Und dies in einer Branche, in der emotionale Werte, menschliche Wärme und situatives Einfühlungsvermögen höchste Priorität haben müssten.

Jedoch: Eine wünschbare Zukunft wird nur dann wahrscheinlich, wenn man nicht einfach auf andere hofft, sondern selber den alles entscheidenden Anfang macht: Die kleine persönliche Revolution als Auftakt und Voraussetzung der großen Veränderung.

4.9   Um-Handeln als Herausforderung

Die Problematik des Um-Handelns

An Vorschlägen für eine sanfte, qualitative oder nachhaltige Tourismusentwicklung mangelt es also nicht, wie in den vorangehenden Kapiteln dargelegt wurde. Den wenigen ‹Theoretikern›, deren Therapievorschläge praktisch alle in die gleiche Richtung zielen, steht aber das mächtige Heer der praktischen Entscheidungsträger auf allen Ebenen gegenüber. Obwohl man auch hier oft vom zunehmenden Problembewusstsein spricht, ist man von einer ‹sanften Wende› in der praktischen Politik noch weit entfernt. Das Um-Fühlen und Um-Denken mag zwar vielerorts eingesetzt haben, das Um-Handeln steht aber noch weitgehend aus. Gründe für das noch immer ausstehende Um-Handeln gibt es viele, für jede Aktorenebene wieder andere, aber alle hängen zusammen (Krippendorf 1986):

Die *Verantwortlichen in den Tourismusgebieten* sprechen zwar alle von einer nachhaltigen Entwicklung, akzeptieren jedoch das parallel einhergehende quantitative Wachstum ohne Bedenken. Das Kapazitätswachstum hält insbesondere bei den touristischen Transportanlagen und im Zweitwohnungsbau vielerorts weiter an. Das Alibi heisst Sachzwang.

Die *Reiseunternehmen* sind keine gemeinnützigen Institutionen, sondern kommerzielle Unternehmungen. «Tourismus ist Geschäft und nicht Wohltätigkeit». So sprechen Tourismuspromotoren. Kurzfristige Gewinnmaximierung ist nach wie vor Trumpf, die langfristige Erhaltung der natürlichen Lebens- und damit auch Wirtschaftsgrundlagen allenfalls ein frommes Bekenntnis. Hie und da hat man sich zwar in der Tourismusbranche etwas dem neuen Wind angepasst. CSR- und Umweltbeauftragte wurden eingestellt, die Prospekte und Reisekataloge eine Spur ehrlicher formuliert und und vereinzelte Hinweise auf rücksichtsvolleres Verhalten angebracht. Doch solange der Kunde nicht mehr Verantwortung einfordert, so wird argumentiert, lässt sich beim besten Willen nicht mehr tun.

Aber auch die *Touristen* haben ihren egoistischen Standpunkt. In erster Linie will man seine wohlverdienten Ferien für sich geniessen. Allzu oft dominieren die ‹Have-a-good-time-Ideologie› und die ‹Morgen-sindwir-schon-wieder-fort-Haltung). Verantwortung für das eigene Verhalten auf Reisen wird kaum übernommen. Zwar gibt es Hinweise auf eine zunehmende Umweltsensibilisierung, doch handelt es sich dabei meist um eine primär opportunistische Umwelthaltung.

Für Krippendorf (2004) ist es primär das in der westlichen Welt immer noch vorherrschende Menschenbild des Homo oeconomicus, das hinter dieser touristischen Entwicklung steht. Solange es der Homo socialis und der Homo oecologicus so schwer haben, neben dem Homo oeconomicus aufzukommen, bleiben die Perspektiven wenig verheissungsvoll. Allerdings gibt es einige ermutigende Anzeichen, dass ein tief greifender Bewusstseinswandel in Gang gekommen ist. Der Wunsch, etwas zu verändern und etwas anderes auszuprobieren, ist heute bei vielen – vor allem jüngeren – Menschen sehr gross, so gross wie vielleicht kaum je zuvor. So halten wir uns denn mit Ernst Bloch (1985) an das ‹Prinzip Hoffnung›, an den Glauben also an die sanfte Gewalt des Bewusstseins, das zur materiellen Gewalt werden kann, sobald es die Massen ergreift – wenn nur die Massen es ergreifen.

Die Utopie der Langsamkeit

Eine rasch wachsende Minderheit träumt von mehr Autonomie und Selbstbestimmung in der Lebensgestaltung, von Zeitflexibilisierung, von neuen Verteilungsformen der Arbeits- und Lebenszeit für Frauen und Männer, von mehr Zeitsouveränität ganz allgemein. Die ‹erstarrte Zeit› soll verflüssigt und natürliche Rhythmen sollen wieder aufgenommen werden. Ganz allgemein soll Zeit weniger bewirtschaftet werden. Romeiss-Stracke (2003) spricht von der ‹Sinngesellschaft› als Zukunftsvision. Bereits heute experimentiert eine kleine Minderheit mit der Kultur der Langsamkeit, indem sie inmitten der allgemeinen Raserei bewusst auf Zeitgewinn verzichtet, Informationskanäle nur selektiv nutzt, entschleunigt fährt, Slowfood geniesst oder lange Schlaufen ungeplanter Zeiten einbaut, um der Zeit mehr Gewinn zu entlocken. Urlaub und Reisen eignen sich dafür ganz besonders.

5   Quellenverzeichnis

Baldi, G., Brunner, L. 2010: Auswirkungen von Wechselkursschwankungen auf den Incoming-Tourismus in der Schweiz, in : FIF-Akzente Nr. 48, Bern 2010

Baumgartner, F. 1977: Tourismus in der Dritten Welt – Beitrag zur Entwicklung? in: Neue Zürcher Zeitung vom 16.9.77, Zürich 1977

Beco/FIF 2001: Tourismuspolitisches Leitbild des Kantons Bern, Bern 2001

BfK (Bundesamt für Konjunkturfragen) 1985: Qualitatives Wachstum – Bericht der Expertenkommission, Bern 1985

BfK (Bundesamt für Konjunkturfragen) 1991: Schweiz Morgen, Bericht der Eidgenössischen Expertenkommission an den Bundesrat, Bern 1991

BfS (Bundesamt für Statistik): Statistisches Jahrbuch der Schweiz, Bern diverse Jahrgänge

BfS (Bundesamt für Statistik): Tourismus in der Schweiz, Bern diverse Jahrgänge

BfS (Bundesamt für Statistik): Hotel- und Kurbetriebe in der Schweiz, Bern diverse Jahrgänge

Bieger, T. 2004: Tourismuslehre – Ein Grundriss, Haupt UTB-Verlag, Bern 2004

Bieger, T., Laesser, Chr. 2005: Travel Market Switzerland, IDT (Hrsg.), St. Gallen 2005

Bieger, T., Laesser, Chr. 2008: Tourismustrends – zwischen Nachfragesog und Angebotsdruck, IDT-HSG, St. Gallen 2007

Bieger, T., Müller, HR. et al. 1997: Neue touristische Strukturen in der Schweiz, Bericht einer Arbeitsgruppe VSTD, Samedan 1997

Bierenwang 1985: Bierenwanger Aufruf für einen sanften Tourismus, Hrsg.: Naturfreundejugend Deutschland, Bierenwang 1985

Bleistein, R. 1984: Themen der Tourismuskritik, unveröff. Manuskript, Frankfurt 1984

Bocksberger, P., Müller, HR. et.al. 2011: Qualitätsoffensive Kanton Graubünden, Hrsg.: Amt für Wirtschaft und Tourismus, Chur 2011

CIPRA (Commission internationale pour la protéction des régions alpines) 1984: Sanfter Tourismus – Eine Chance für den Alpenraum? Deklaration von Chur 1984, in: Cipra-Info Nr. 4/1984, Vaduz 1984

CIPRA (Commission internationale pour la protéction des régions alpines) 1998: Alpenreport – Daten, Fakten, Probleme, Lösungsansätze, Bern/ Stuttgart, Wien 1998

DANTE (Die Arbeitsgemeinschaft für Nachhaltige Tourismus-Entwicklung) 2002: Tourismus: 10 Leitsätze zu Rio+10, Stuttgart 2002

Enzensberger, H.M. 1958: Eine Theorie des Tourismus, in: Einzelheiten I (Suhrkamp), S. 179-206, Frankfurt 1958

Ferrante, C.L. 1994: Konflikt und Diskurs im Ferienort. Wirtschaftsethische Betrachtungen am Fallbeispiel Engelberg, Berner Studien zu Freizeit und Tourismus Nr. 32, Bern 1994

FIF (Forschungsinstitut für Freizeit und Tourismus) 1995: Moorschutz und Tourismus, Bern 1995

Freyer, W. 2000: Ganzheitlicher Tourismus – Beiträge aus 20 Jahren Tourismusforschung, Verlag TU, Dresden 2000

Freyer, W. 2011: Tourismus – Einführung in die Fremdenverkehrsökonomie, Oldenbourg Verlag München 2011

Gluecksmann, R. 1930: Die wissenschaftliche Betrachtung des Fremdenverkehrs, in: Zeitschrift für Verkehrswissenschaft Nr. 1/1930, Berlin 1930

Gössling, S. 2011: Carbon Management in Tourism. Mitigating the impacts on climate change. London, New York 2011

Greuter, F. 2000: Bausteine der schweizerischen Tourismuspolitik – Grundlagen, Beschreibungen und Empfehlungen für die Praxis, in Schriftenreihe des IDT Nr. 3, Verlag Haupt, Bern 2000

Greverus, I.M. 1978: Kultur und Alltagswelt. Eine Einführung in Fragen der Kulturanthropologie, München 1978

Hartmann, H.A., Haubl, R. (Hrsg.) 1996: Freizeit in der Erlebnisgesellschaft – Amüsement zwischen Selbstverwirklichung und Kommerz, Westdeutscher Verlga, Opladen 1996

Heller, A. 1990: Tourismus – Förderer oder Zerstörer der Kultur? In: Berner Studien zu Freizeit und Tourismus Nr. 26, Bern 1990

Hömberg, E. 1978: Reisen – zwischen Kritik und Analyse, in: Zeitschrift für Kulturaustausch Nr. 3/1978, S. 36-41, Stuttgart 1978

Huber, I., Ledermann, R. 1990: Widerstände der Bereisten in der Schweiz, Bern 1990

Hunziker, W. 1963: Wachstumsprobleme des Fremdenverkehrs, St. Gallen 1963

Hunziker, W., Krapf, K. 1942: Allgemeine Fremdenverkehrslehre, Zürich 1942

ITD (Institut für Tourismus und Dienstleistungswirtschaft) 1996: Informationsverhalten im Reiseentscheidprozess, unveröffentlicht, Innsbruck 1996

Jungk, R. 1980: Wie viel Touristen pro Hektar Strand? Plädoyer für «Sanftes Reisen», in: Geo Nr. 10/1980, S. 154-156, Hamburg 1980

Kämpfen, W. 1972: Referat anlässlich der Mitgliederversammlung der Schweizerischen Verkehrszentrale, unveröff. Manuskript, Davos 1972

Kaspar, C. 1991: Die Tourismuslehre im Grundriss, 4. Auflage, Bern/Stuttgart 1991

Keller, P. 1994: Die staatliche Tourismuspolitik, in: AIEST, Tourismusforschung: Erfolge, Fehlschläge und ungelöste Probleme, Vol. 36, St. Gallen 1994

Keller, P. 2005: Neue tourismuspolitische Paradigmen, Vorlesungsmanuskript, unveröffentlicht, Bern 12.5.2005

Kirstges, T. 1995: Sanfter Tourismus, Wien 1995

Kramer, B. 1990: Freizeit – Politik – Perspektiven, Berner Studien zu Freizeit und Tourismus Nr 27, Bern 1990

Kramer, D. 1983: Der sanfte Tourismus – umwelt- und sozialverträglicher Tourismus in den Alpen, Wien 1983

Krapf, K. 1961: Fremdenverkehrspolitik aus schweizerischer Sicht, in: Zeitschrift für Fremdenverkehr Nr. 1/1961, S. 7-13, Bern 1961

Krippendorf, J. 1975: Die Landschaftsfresser, Tourismus und Erholungslandschaft – Verderben oder Segen?, Bern 1975

Krippendorf, J. 1983: Fehlentwicklungen im Schweizer Tourismus, in: Schweizer Tourismus – Weichen für die Zukunft richtig gestellt?, S. 24-31, Hrsg.: Schweizer Tourismus-Verband, Bern 1983

Krippendorf, J. 1984: Die Ferienmenschen – Für ein neues Verständnis von Freizeit und Reisen, Zürich 1984

Krippendorf, J. 1986: Der neue, sanfte Tourist, in: TUI-Tag '86 – Referate, Hrsg.: Touristik Union International, Hannover 1986

Krippendorf, J. 2004: Der Übergang – Eine andere Welt ist möglich, in: Berner Studien zu Freizeit und Tourismus Nr. 44, FIF-Verlag, Bern 2004

Krippendorf, J., Müller, HR. 1986: Alpsegen Alptraum. Für eine Tourismus-Entwicklung im Einklang mit Mensch und Natur, Bern 1986

Laine, P. 1980: Liberons le tourisme, Paris 1980

Lohmann, M., Aderhold, P. 2009: Urlaubsreisetrends 2020. Eine RA-Trendstudie – Entwicklung der touristischen Nachfrage der Deutschen, Hrsg.: F.U.R., Kiel 2009

Mäder, U. 1985: Sanfter Tourismus: Alibi oder Chance? Zürich 1985

Mäder, U. 1990: Frei-Zeit. Fantasie und Realität, Zürich 1990

Maslow, A.H. 1977: Motivation und Persönlichkeit, Olten 1977

Maurer, M. et al. 1991: Tourismus und Dritte Welt – Ein kritisches Lehrbuch, Berner Studien zu Freizeit und Tourismus Nr 29, Bern 1991

Messerli, P. 1989: Mensch und Natur im alpinen Lebensraum – Risiken, Chancen, Perspektiven, Bern 1989

Müller, HR. 1986: Tourismus in Berggemeinden: Nutzen und Schaden, Schlussberichte Nr. 19 zum schweiz. MAB-Programm, Bern 1986

Müller, HR. 1993: Nachhaltigkeit im Tourismus – Auf der Suche nach einer neuen Tourismusethik, Vortragsmanuskript, Bern 1993

Müller, HR. 2007: Tourismus und Ökologie – Wechselwirkungen und Handlungsfelder, Oldenbourg Verlag, 3. Auflage, München/Wien 2003

Müller, HR. 2004: Qualtitätsorientiertes Tourismus-Management, UTB-Verlag Haupt, Bern 2004

Müller, HR., Kaspar, C., Schmidhauser, HP. 1991: Tourismus 2010. Eine Delphi-Umfrage zur Zukunft des Schweizer Tourismus, Bern/St. Gallen 1991

Müller, HR., Stettler, J. 1993a: Marketing-Arbeit der Verkehrsvereine, Bern 1993

Müller, HR., Boess, M. 1995: Tourismusbewusstsein – Empirische Belege und Hintergründe, Bern 1995

Müller, HR., et al. 1995: Tourismus im Kanton Bern – Wirtschaftsstruktur, Reiseverhalten, Wertschöpfung. Kurzfassung, Bern 1995

Müller, HR., Kramer, B., Ferrante, C.L. 1997: Schweizer und ihre Freizeit. Facts and Figures aus 10 Jahren Freizeitforschung, Berner Studien zu Freizeit und Tourismus Nr. 35, Bern 1997

Müller, HR., Scheurer, R. 2007: Tourismusdestination als Erlebniswelt – Ein Leitfaden zur Angebots-Inszenierung, 2. Auflage, Bern 2007

Mundt, J.W. 2006: Einführung in den Tourismus, Oldenbourg Verlag,, München/Wien 2006

Mundt, J.W. 2004: Tourismuspolitik, Oldenbourg Verlag, München/ Wien 2004

Ogilvie, F.W. 1933: The Tourist Movement (Deutsche Übersetzung), London 1933

ÖGZ (Österreichische Gastronomie- & Hotelzeitung) 2011: Zur Kasse gebeten, Wien Nr. 3-4, 28.1.2011, S. 2

Opaschowski, H.W. 2000: Kathedralen des 21. Jahrhunderts – Erlebniswelten im Zeitalter der Eventkultur, Hamburg 2000

Opaschowski, H.W. 2000a: Xtrem – Der kalkulierte Wahnsinn – Extremsport als Zeitphänomen, Hamburg 2000

Opaschowski, H.W. 2001: Deutschland 2010. Wie wir morgen arbeiten und leben – Voraussagen der Wissenschaft zur Zukunft unserer Gesellschaft, Hamburg 2001

Opaschowski, H.W. 2004: Deutschland 2020 – Wie wir morgen leben – Prognosen der Wissenschaft, Wiesbaden 2004

Opaschowski, H.W. 2008: 24. Deutsche Tourismusanalyse, in: Forschung aktuell Nr. 202, Hamburg 2008

Pikkemaat, B. 2002: Informationsverhalten in komplexen Entscheidungssituationen, in: Europäische Hochschulschriften, Reihe V, Band 2859, Verlag Peter Lang, Bern/Wien 2002

Pompl, W. 1997: Touristikmanagement 1 – Beschaffungsmanagement, 2. Auflage, Springer Lehrbuch, Berlin 1997

Pompl, W., Lieb, M.G. 1997: Qualitätsmanagement im Tourismus, Oldenbourg Verlag, München/Wien 1997

Renschler, R. 1985: Vom Reiseverzicht zum kritischen Reisen, unveröffentlichtes Manuskript, Basel 1985

Rieger, P. 1982: Die historische und psychologische Dimension des Reisens, In: Das Phänomen des Reisens, Berner Studien zu Freizeit und Tourismus Nr. 19, S. 9-21, Bern 1982

Romeiss-Stracke, F. 1989: Neues Denken im Tourismus, Hrsg.: ADAC, München 1989

Romeiss-Stracke, F. 1995: Service-Qualität im Tourismus. Grundsätze und Gebrauchsanweisungen für die touristische Praxis, Hrsg.: ADAC, München 1995

Romeiss-Stracke, F. 2003: Abschied von der Spassgesellschaft – Freizeit und Tourismus im 21. Jahrhundert, Büro Wilhelm Verlag, Amberg 2003

Rütter, H., Berwert, A., Rütter-Fischbacher, U., Landolt, M. 2001: Der Tourismus im Wallis – Wertschöpfungsstudie, Rüschlikon/Sierre 2001

Rütter, H., Müller, HR., Guhl, D., Stettler, J. 1995: Wertschöpfung des Tourismus im Kanton Bern, Berner Studien zu Freizeit und Tourismus Nr. 34, Bern 1995

Scheurer, R. 2003: Erlebnis-Setting – Touristische Angebotsgestaltung in der Erlebnisökonomie, Berner Studien zu Freizeit und Tourismus Nr. 43, Bern 2003

Schneider, O. 2001: Die Ferien-Macher – Eine gründliche und grundsätzliche Betrachtung über das Jahrhundert des Tourismus, TourCon-Verlag, Hamburg 2000

Schweiz. Bundesrat 1996: Bericht über die Tourismuspolitik des Bundes, Bern 1996

Schweiz. Tourismuskonzept 1979: Das schweizerische Tourismuskonzept, Grundlagen für die Tourismuspolitik, Hrsg.: Beratende Kommission für Fremdenverkehr des Bundesrates, Bern 1979

SECO (Staatssekretariat für Wirtschaft) 1996: Bericht über die Tourismuspolitik des Bundes, Hrsg.: Schweizerischer Bundesrat, Bern 1996

SECO (Staatssekretariat für Wirtschaft) 2002: Tourismusförderung des Bundes: Verbesserung von Struktur und Qualität des Angebotes, Bern 2002

SECO (Staatssekretariat für Wirtschaft) 2008: Die Regionalpolitik des Bundes, Bern 2008

SECO (Staatssekretariat für Wirtschaft) 2010: Wachstumsstrategie für den Tourismusstandort Schweiz, Hrsg.: Schweizerischer Bundesrat, Bern 2010

SHV (Schweizer Hotelier-Verein) et al. 1992: Marketing der Gastfreundschaft, Bern 1992

SHV (Schweizer Hotelier-Verein) et al. 1992: Natürlich erfolgreich – Das praktische Umwelthandbuch mit 400 Tips für das Gastgewerbe, Hrsg.: Schweizer Hotelier-Verein u.a., Bern 1992

Smeral, E. 1995: Aufwertungen bremsen Tourismus, in: Österreichische Gastgewerbe Zeitung vom 12.5.1995, S. 1f., Wien 1995

Smeral, E. 2003: Die Zukunft des internationalen Tourismus, Entwicklungsperspektiven für das 21. Jahrhundert, Linde-Verlag Wien 2003

Spatt, E. 1975: Allgemeine Fremdenverkehrslehre, Innsbruck 1975

Stamm, HP., Lamprecht, M. 2005: Lebensqualität – Konturen eines schillernden Begriffs, in: Vorsorge 01-05, S. 4ff., Winterthur-Versicherung (Hrsg.), Winterthur 2005

Stettler, J. 1997: Sport und Verkehr. Sportmotiviertes Verkehrsverhalten der Schweizer Bevölkerung – Umweltbelastungen und Lösungsmöglichkeiten, Berner Studien zu Freizeit und Tourismus Nr. 36, Bern 1997

STV (Schweizer Tourismus-Verband) 1996-2010: Schweizer Tourismus in Zahlen, Ausgaben 1995 - 2009, Bern diverse Jahrgänge

Thiem, M. 1993: Tourismus und kulturelle Identität. Die Bedeutung des Tourismus für die Kultur touristischer Ziel- und Quellgebiete, Berner Studien zu Freizeit und Tourismus Nr. 30, Bern 1993

TmE (Arbeitsgemeinschaft ‹Tourismus mit Einsicht›) 1991: Tourismus mit Einsicht – Broschüre, Berlin 1991

Toblach 1985: Thesenpapier der Toblacher Gespräche 1985 zum Thema «Für einen anderen Tourismus: Am Beispiel des Bergtourismus», Toblach 1985

Tourismuspolitik des Bundes 1996: Bericht über die Tourismuspolitik des Bundes, Schweizerischer Bundesrat, Bern 1996

UNWTO 1994: Recommendation on Tourism Statistics. Department for Economic and Social Information and Policy Analysis – Statistical Division, New York 1994

UNWTO, UNEP, SECO, WEF, WMO 2007: Davos Declaration: Climate Change and Tourism responding to Global Challenges. *Second International Conference on Climate Change and Tourism.* Davos 2007

UNIVOX 1986-2009: UNIVOX-Freizeitumfragen, Hrsg.: Gesellschaft für praktische Sozialforschung (GfS/Zürich) und Forschungsinstitut für Freizeit und Tourismus (FIF/Bern), Zürich/Bern 1986-2006

Vanhove, N. 2005: The Economics of Tourism Destinations, Elsevier-Verlag, Oxford 2005

Vielhaber, A., Müller, HR. et al. 1997: Fernreisen 2005 – Delphi-Studie in Deutschland, Österreich und der Schweiz, Kurzfassung, Hrsg.: Studienkreis für Tourismus und Entwicklung, Ammerland 1997

Vorlaufer, K. 1996: Tourismus in Entwicklungsländern, München 1996

Wachenfeld, H. 1987: Freizeitverhalten und Marketing, Heidelberg 1987

Wagner, F.A. 1978: Der vielgeschmähte Tourismus und seine neuen Kritiker, in: Frankfurter Allgemeine Zeitung vom 19.10.1978, Reisebeilage 3, Frankfurt 1978

Weber, F. 2007: Naturereignisse und Tourismus – Einfluss und Auswirkungen von Naturereignissen auf die Entwicklung des Tourismus im Alpenraum, in: Berner Studien zu Freizeit und Tourismus Nr. 48, Bern 2007

Weiss, H. 1981: Die friedliche Zerstörung der Landschaft und Ansätze zu ihrer Rettung in der Schweiz, Zürich 1981

WTO (Welttourismusorganisation) 1993: Empfehlungen zur Tourismus-Statistik, Madrid 1993

WTO (Welttourismusorganisation) 2000: Global Code of Ethics, Madrid 2000

6 Abbildungsverzeichnis

7 Stichwortverzeichnis

KOMPAKTWISSEN.CH

Die Reihe wird herausgegeben von Alain Schönenberger, volkswirtschaftlicher Berater, Lehrbeauftragter an den Universitäten Neuenburg und Genf; Giovanni Danielli, Geograph/Raumplaner, Dozent Hochschule für Wirtschaft Luzern und Fachhochschule Krems/Wien; Prof. Hans-Ulrich Jost, Historiker, Universität Lausanne; Prof. Andreas Ladner, Politologe, Hochschule für Öffentliche Verwaltung (Idheap), Lausanne und Prof. Christian Suter, Soziologe, Universität Neuenburg.

Bisher sind folgende Bände erschienen:

Bd. 21: Raumplanung in der Schweiz
Von Giovanni Danielli, Roger Sonderegger und Christian Gabathuler. 2014.

Bd. 20: Geschichte der politischen Gräben in der Schweiz
Von Werner Seitz. 2014.

Bd. 19: Direkte Demokratie
Von Silvano Moeckli. 2013.

Bd. 18: Privatisierung und Deregulierung
Von René L. Frey und Claudia Frey Marti. 2012.

Bd. 17: Den schweizerischen Sozialstaat verstehen
Von Silvano Moeckli. 2012.

Bd. 16: Evaluation
Von Thomas Widmer und Thomas De Rocchi. 2012.

Bd. 15: Innovationsaktivitäten der Schweizer Wirtschaft
von Spyros Arvanitis und Heinz Hollenstein. 2012.

Bd. 14 : Tourismuspolitik
Von Hansruedi Müller. 2011.

Bd. 13: Glück
Von Bruno S. Frey und Claudia Frey Marti. 2010.